孩子天生什么都会。如果有的事他们还不会做，那么有可能是外在环境存在问题，或者是他们不知道用什么方法。

——玛利娅·蒙台梭利

0-1岁

从用眼看、用手摸，到牙牙学语、蹒跚学步。第一次为人父母的你，面对茁壮成长的孩子，不妨用蒙台梭利养育法来守护他们。

孩子会对初次见到东西感到十分新奇。这时，可以让他们看一些能移动的教具。

用眼看、用手摸东西时，孩子会很高兴。

1岁左右，孩子就能站起来，学会自己走路。父母千万不要错过这个欢乐的瞬间。

"运动敏感期"到来后，孩子会更喜欢走路，也喜欢集中注意力动手做东西。这时候，可以给孩子制作一些玩具，帮助他们成长。

1-2 岁

屏住呼吸，集中注意力！

自己可以做一些事，增强自我肯定感。

孩子正在玩家长自己手工制作的玩具。

迈开大步，向前走！

3

2-3 岁

如何面对孩子的叛逆期?
这一时期是培养孩子去托
儿所、幼儿园的最佳时期,
也是训练孩子独自上厕所
的重要时期。

能够熟练地穿针引线

能够熟练系上、
解开纽扣

放置踏台,
为孩子上厕所提供
良好环境。

能够走直线,
更加自律。

发展的 4 个阶段

蒙台梭利教育把孩子出生后的 24 年，按照 6 年一个阶段，划分为"发展的 4 个阶段"。需要注意的是不同阶段的颜色问题。橘色表示变化明显，父母要格外注意。对变化期了解的父母与不了解的父母，育儿能力大有不同。

幼儿期

这是孩子成长变化非常明显的一个时期。在这 6 年间，他们要学习并掌握生存必需能力的 80%。具体来说，以 3 岁为界分为前后两个时期。

前期 0—3 岁　无意识地吸收各种东西。学会走路、用手、说话等非常重要的能力。

后期 3—6 岁　通过五感，对 0—3 岁无意识吸收的各种信息进行整理，并开始在集体中约束自己。

儿童期

6—12 岁　上小学

比较稳定的时期，可以记住大量东西。这个时期会交许多朋友。

青春期

12—18 岁　上中学

身心发生明显变化的不稳定期，非常担心和周围人疏离。

青年期

18—24 岁　上大学

开始思考自己如何奉献社会，进入稳定的成长阶段。

◖ 孩 子 的 敏 感 期 ◗

运动 获得生活中必要的运动能力	孩子依靠自己的意志开展运动，从走路等全身运动到运用手指等细微运动，这一阶段，行动自主会令孩子感到欢喜。
语言 不断学习母语	孩子在胎儿阶段就开始听妈妈的声音，到 3 岁时，基本掌握母语。这一阶段，他们会对听、说感到无比愉快。
秩序 执着于顺序、场所、习惯	原本什么都不懂的婴儿，开始学习并逐渐理解社会秩序。因此，一旦秩序混乱，他们就会立刻不高兴。
小物件 很想仔细地看小物件	婴儿出生后便开始练习聚焦，他们会将焦点聚集在小物件上面，高高兴兴地仔细看。
感觉 练习"五感"	从 3 岁左右开始，孩子利用五感对之前吸收的庞大信息进行分类、整理。这是孩子想要清楚地理解事物的时期。
书写 书写比阅读更早开始	与孩子尝试动手的运动敏感期重合，这一时期孩子会被一种强烈的冲动所驱使，他们一边用眼仔细看，一边学习书写。
阅读 沉浸在阅读的快乐之中	特别想阅读身边的文字。看到墙上贴的字，就想读一下。
数数 再长大一点儿，就什么都想数一数	特别喜欢数数，比如"这个多，那个少"，对数字非常有执念。
文化、礼仪 想理解不同的社会文化	对早晚的寒暄、每个季节或者一年内的相关活动兴趣满满。看到大人怎么做，自己就开始模仿。

孩子对某些事情表现出强烈兴趣并反复去做的特定时期，
就是蒙台梭利教育所说的"敏感期"。

出生

0岁　1岁　2岁　3岁　4岁　5岁　6岁

6个月—4岁半

7个月—5岁半

6个月—4岁

1岁—3岁

0岁—6岁

3岁—5岁

4岁—5岁半

3岁—6岁

4岁半—6岁

产生自我肯定感的循环

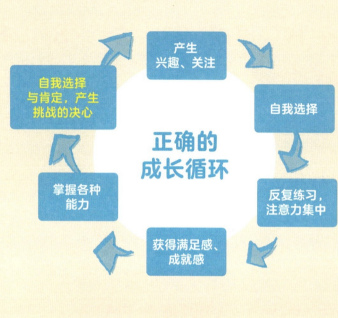

产生
兴趣、关注

自我选择

自我选择
与肯定，产生
挑战的决心

**正确的
成长循环**

反复练习，
注意力集中

掌握各种
能力

获得满足感、
成就感

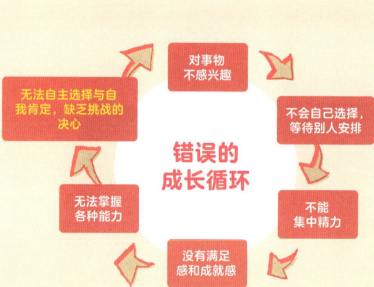

对事物
不感兴趣

无法自主选择与自
我肯定，缺乏挑战的
决心

不会自己选择，
等待别人安排

**错误的
成长循环**

无法掌握
各种能力

不能
集中精力

没有满足
感和成就感

不可思议的潜能

0-3 岁蒙台梭利养育法

〔日〕藤崎达宏 / 著

范宏涛 / 译

中国致公出版社

● 前言
开启孩子智慧的蒙台梭利教育

当孩子不停地把抽纸从盒子里面拉出来时，你会怎么办？

很多家长都会呵斥"干什么呀，这么浪费"，然后把盒子拿过去，放到孩子够不着的高处。可以说，这是极为普遍的做法。

不过，如果了解了本书要讲的"蒙台梭利教育"，你以后大概就不会这么做了。

3岁以前的孩子都有一种强烈的好奇心，他们喜欢自由地使用灵活的手指，而且越用越熟练。那些看似调皮的行为，其实是小孩正在认真地开始自己的人生磨炼。

几个月、几岁的孩子会有这样的兴趣？孩子多大会有这样的行为？……诸如此类的孩子成长的轨迹，数百年来几乎没有变过。

了解孩子的成长规律，对培养孩子至关重要。

比如，提前了解孩子的某种执念，知道他们的行为并非仅仅是调皮捣蛋，就是这个道理。也就是说，父母要先知先觉，提前"预习功课"非常关键。

"蒙台梭利教育"就是一个激发孩子成长的知识宝库。带着这些知识重新观察自己的孩子，你会有一些截然不同的发现。

如此一来，即便还是刚才的情况，你也会觉得"对于孩子这么重要的举动，我应该发自内心地支持，大可让他把一盒抽纸全部拽完，自己只要"默默地守护"，或者"除了抽纸之外，还可以把他喜欢的东西都拿出来，为他备好替代品"。就算是想要呵斥，你也会考虑"这孩子是不是想做什么了"。

这样认真地观察孩子的活动，意味着"蒙台梭利教育"的开始。

那么，你的孩子在 10 年或 20 年后会变成什么样呢？

在以 AI（人工智能）为代表的科技革命大潮中，据说大约将有 65% 的大学毕业生会到现在并不存在的行业就业。

那时候，他们需要什么样的知识和技能，谁也无法预测。

正因为如此，才应该培养孩子适应未来、享用终身的能力，而非简单地让他们进行知识的积累。这才是未来 10 年、20 年所需要的教育。

然而，有的家长为了孩子将来不受苦，只想着从小对其进行各种知识的灌输，或者干脆由自己包揽一切脏活、危险活，代替孩子受打磨。

这是一般的培养模式。但是，这能让孩子真正获得幸福吗？

无论什么时代，拥有自食其力的能力都十分重要，而父母只是守护者。"蒙台梭利教育"就是告诉大家如何让孩子自食其力。

本书就是按照"蒙台梭利教育"的方法，让大家在培养孩子这件事上"完美升级"。

当然，所谓的完美升级，并不是和周围的朋友在育儿方面一较高低，而是借此让父母掌握科学的教育方法，然后守护孩子，为他们提供力所能及的帮助。也就是说，"让孩子一个人不断慢慢成长，自我增强"，才是完美升级的核心。

不管什么家庭都可以立马付诸行动的教育

我是蒙台梭利教师，也是一位使用蒙台梭利教育养育了4个孩子的爸爸。以前，我曾经在某金融公司工作，是一名商务人士，机缘巧合之下接触了蒙台梭利教育，并用这样的方法来培养自己的孩子。因此，本书所写的内容，虽借鉴了相关理论，但更主要是以我的实践为基础。

书中的内容并没有什么特殊之处，我想每个家庭都可以参照使用。关于蒙台梭利教育的特质，我总结了三点，在此简要说明：

❶ 只要知道孩子的年龄，什么时候都能开始使用

众所周知，孩子的成长发育很快。为了让家长了解自己在孩子的不同年龄段该做什么，我们把孩子的年龄限定在0—3岁，

甚至将 1 岁划分为 3 个阶段。只要知道孩子的年龄，就可以参考使用。

此外，在"卷首语"部分，我还列举了颇受家长好评的"成长清单"。参照这些清单，各位家长就会明白自己的孩子现在处于哪一阶段，以后该如何发展。这样一来，良好的亲子关系自然会建立起来。

❷ 蒙台梭利教育的 30 条成功法则

现在的儿童教育信息量过大，家长往往不知道哪些信息对自己的孩子真正有用。对此，书中专门整理了蒙台梭利教育的 30 条重要法则，以适应不同阶段的孩子。

❸ 在自己家也能快乐练习

不管吸收多少知识，如果不付诸实践，则毫无意义。书中所说的蒙台梭利教育，是在家也能应用的快乐教学方法。其基本步骤如下：

了解 ➔ **守护** ➔ **实践** ➔ **提升**

衷心希望读完本书之后，您的育儿技能能够得到有效提升。心动不如行动，快来体验吧！

藤崎达宏

"成长清单"的使用方法

首先，根据"成长清单"，看看孩子的月龄处于哪个阶段。

当然，成长清单主要分为"身体活动""手部活动""语言发育与语言理解""生活习惯"4个部分。

比如，以孩子出生后5个月的情况为例。看看成长清单就发现这时的孩子"即将到学习翻身的阶段，因此他会看自己的手，会看与之说话者的眼睛，并且对镜子里的东西产生兴趣"。

注意，月龄是个大概值

这里的关键是要明白"月龄是个大概值"。孩子的成长过程是固定的，但是每个孩子的成长进程会有所不同。于是乎，有人疑惑地说"怎么回事呀，书上明明写的5个月会翻身，但是我们家孩子还不会，怎么办呢？"

我充分理解为人父母的焦急，但是须知，我做这个清单并非为了查找"还不会某事"这一负面效果。我想让大家知道的，是好好反思一下"自家是否具备让孩子顺利成长的环境"，或者"作为父母，自己的做法是否一直有误"。

这时候再去观察孩子。比如，孩子想翻身但是没成功，然后发现是褥子太过松软，孩子整个身子都沉下去了。之后，换一个稍硬一点的褥子，孩子一下就来了个完美翻身。诸如此类，客观环境的影响往往不容忽视。所以说，为孩子创造独自成长的环境，这才是蒙台梭利教育的高明之处。

孩子的成长并非越早越好

与之相反，有人说："我们家的孩子才 8 个月，就开始自己学走路了，真快呀。如果把孩子放到学步车里，就走不好了。"这种观点也不可取，我们必须丢掉"孩子长得越快越好"的错误想法。

"进入下一个阶段之前，要考虑如何在目前阶段让孩子得到充分的成长体验"，这就是蒙台梭利教育所说的"小阶段"。

有时候孩子爬着走的时间长，也有其原因。开始双手紧紧抓着床，撅起屁股，正是在全力以赴练习走路。在这一阶段打好基础，下一阶段才能走得稳。大人希望孩子早点走路，然后将其放在学步车中，结果可能会偶然走起来，却脱离了"扶着东西走➔在帮助下走➔自己走"这一应有的成长阶段。这样一来，孩子即使学会了走路，躯体也没得到全面发育，平衡感无法形成，以致弊端层出不穷。

因此，成长清单的使用应该按照孩子当前的具体情况，助力孩子健康成长。

在此基础上，考虑下一阶段。时间到了，孩子会通过自己的判断顺势进入下一阶段，这期间无需大人强制操作。大人要做的，仅仅是为孩子的独自成长提供帮助。

如果孩子现在正在努力爬着走，那么下一步扶着东西走就会变得容易，父母只需为其提供适当高度且稳定性强的棚架就好，这就是所谓的创造环境。成长清单，就是为了让父母更好地了解下一步该做什么。

成长清单，一定要每月一看

小孩成长得都很快，每周都会发生明显的变化。因此，应该至少每月一次，用成长清单来检验孩子的成长阶段。

我建议大家把清单打印出来贴在冰箱上面。这样的话，即使是爸爸在孩子睡着后才回家，也能够在取饮料或食物的时候看到。此外，用手机拍下，收藏起来也可以。夫妻要一起，共同呵护孩子的成长。

需要说明的是，看问题的时候不要纠结于"孩子会不会做错事"。也就是说，我们要学会"观察"，而非"监视"。

有时候要下定决心，让自己"1小时内不说话也不折腾，好好守护着孩子"。

只有这样，才能看到孩子当前的真实情况。比如，你会发现

"这孩子对什么有兴趣"，或者"孩子的这只手好像在动"。

此外，父母也会意识到"原来我一直在阻碍孩子的成长"或者"房间里这一部分有障碍，影响了孩子的自我成长"。

"观察孩子"正是蒙台梭利教育的出发点。我们这些蒙台梭利教师在教育实习期间，都是一整天一整天地练习"观察"。也就是说，我们必须专心致志地观察孩子，尽可能忘记自我的存在而不影响他们的注意力。只有这样，才会发现"原来这个孩子有握紧小手的想法，那么就应该给他一把串珠让他玩"。

不要奢求完美，应该从能做的事出发

如果明确了自家孩子的成长阶段，那么就可以按照本书所讲，参照孩子的月龄来培养。但是，不要追求每一步都和书上说的完全吻合。只要从自己能做到的事情出发，就会收到对应的效果。只要遵从孩子成长的规律，迟早会把孩子引向康庄大道。

一起度过快乐充实的 3 年

随着育儿知识的积累，父母的视野会变得越来越广阔。

此前看到孩子淘气就想责骂的父母，会懂得"原来这是孩子运动的敏感期，我们家孩子长大了呀"，然后心怀激动地当起孩子的守护者。

当此前活泼得令大人束手无策的孩子变得特别守秩序时，家长就会知道"原来如此，这是孩子到了秩序敏感期。越是守秩序，孩子将来就会越有出息"，然后满心期待，认真守护孩子的成长。

所以，真诚地希望各位家长能够充分用好这份成长清单，让孩子在0—3岁这一变化最多的阶段，和自己一起度过快乐充实的3年。

目录

Chapter 2
从怀孕到生育：
0—1 岁孩子的养育方式

Chapter 3

运动敏感期：
1—2岁孩子的养育方式

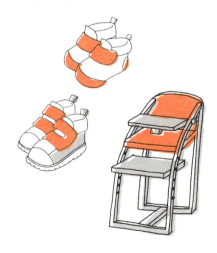

Chapter 1

最大激发孩子能力
的蒙台梭利教育

蒙台梭利教育为何风靡世界

也许很多人都是初次听说蒙台梭利教育，因此在实践蒙台梭利教育之前，我想先向大家传达 3 个关键点。

❶ 历久弥新的蒙台梭利教育

Facebook（脸书）、Google（谷歌）的创始人以及日本象棋大师藤井聪太等风云人物，都曾接受过蒙台梭利教育。《华尔街日报》还曾刊文宣称"现在美国的创业成功者，其共同点在于都接受过蒙台梭利教育"，并将此称为"蒙台梭利教育的旋风"。

这个在世界广受认可的蒙台梭利教育，是什么时候、以什么样的方式风靡全球的呢？

蒙台梭利教育奠基人玛利娅·蒙台梭利于 1870 年在意大利出生。如果将 1907 年她创立"儿童之家"来为孩子们创造自我发展环境视为开端，那么蒙台梭利教育已经走过了 100 多年。如今看来，似乎有些古老而遥远。

然而时至今日，蒙台梭利教育为什么依然充满人气？

这是因为，孩子的成长路径数百年来几乎未变。即使文化不同，风俗存在差异，世界任何国家在孩子的教育方面，也遵循着同样的规律。因此，不管你参观世界哪所蒙台梭利教育学校，都具有相同的环境，这样的环境可以让孩子开启智慧，精神集中。

我想，大概正是因为蒙台梭利教育是"遵循人类成长原理的教育"，所以至今仍然能在全世界颇受好评。

② 医生创办的蒙台梭利教育

玛利娅·蒙台梭利是位意大利女医生。与大多数注重经验的育儿教育相比，蒙台梭利教育最大的特征是以医学、生物学、心理学等诸多学科为基础。

③ 挖掘孩子潜能的蒙台梭利教育

蒙台梭利教育诞生之前，人们普遍认为"孩子什么都不会，他们只要按照父母或者老师说的做就好"。于是，即使是取一个小物件，都是大人代替，小孩想自己坐到椅子上，也必须借助大人的力量。

与此相反，蒙台梭利教育则提出了不同意见：

"孩子生下来就是为了能做所有的事情。如果孩子有做不了的事，是不是存在物理上的条件限制，或者说他们现在不知道如何调整才好？"

换言之，只要"创造好环境，教给孩子方法，孩子终究都会自食其力的"。

其实，蒙台梭利的本质，就是让人自食其力。

为了证明这一点，玛利娅·蒙台梭利在意大利的圣罗伦斯创办了"儿童之家"，开启了蒙台梭利教育的尝试。"儿童之家"里的一切设备，都是为孩子量身打造的，桌子、椅子自不必说，就连书架、厕所、洗漱间等，也都按照尽可能让孩子完成自己的事情而设计。

处于这种全新环境之下的孩子们，就像变了一个人一样，一个个生龙活虎，快乐自足。这一现象，给当时的所有人都带来了冲击。他们称受过蒙台梭利教育的孩子是"新式孩子的诞生"，于是乎世界各地的参观者络绎不绝。

撰写此书的目的

面对这么厉害的教育方式，很多家长可能都跃跃欲试，想让自己的孩子"接受洗礼"。这其中最理想的，还是实行蒙台梭利教育的"儿童之家"，后来就衍生成了蒙台梭利幼儿园和托儿所。只不过可惜的是，这些机构还很少，最多也就1000来个。

对于那些附近没有蒙台梭利教育机构的家庭，我特意撰写此书，希望能够帮助各位家长在家落实蒙台梭利的教育理念。虽然此举并不是最理想的做法，但家长们可以从自己的实际情况出发，切身体验到孩子的成长过程。

蒙台梭利教育是"适时教育"

　　一听说要从 0 岁开始教育，很多人会想到是那种从幼儿阶段就开始灌输知识的"早教"，但实际上蒙台梭利教育正好与之相反。蒙台梭利教育是让父母首先了解孩子的成长阶段，然后为他们创造合适的成长环境。也就是说，蒙台梭利教育是一种"适时教育"，主要是让父母把握好时机，明白什么时候该为孩子提供什么。

　　所以，我希望各位父母能珍视孩子的"当下"，在培养孩子的过程中获得快乐。

2 孩子成长的 4 个阶段

孩子处在哪个成长阶段，接下来会如何变化？为了让大家了解孩子成长的大体过程，玛利娅·蒙台梭利提出了"孩子成长的 4 个阶段"这一概念。

我们大人容易觉得"孩子随着年龄的增长，身体会按比例发育，智慧和心灵也会随之不断发展"，然而，蒙台梭利教育指出，"孩子在成长过程中会随着年龄的增长而发生巨大变化，这就像蝴蝶产卵，卵变青虫，青虫变蛹，然后蛹再羽化成蝴蝶一样"。

这种变化，就是所谓的"孩子成长的 4 个阶段"。

要知道自己的孩子处在哪个阶段，我们不妨一一对应来看。

蒙台梭利教育将一个人从婴儿成长为大人的 0—24 岁以 6 年为一阶段，分成"孩子成长的 4 个阶段"。其中，0—6 岁是上小学之前的"幼儿期"，6—12 岁是上小学的"儿童期"，12—18 岁是上中学的"青春期"，18—24 岁是经历大学生活的"青年期"。

人生最重要的 0—6 岁

孩子最重要的成长阶段是"幼儿期"。在孩子上小学之前的 6

年中，无论是日本还是世界其他国家，主流看法是"孩子什么也不会做，只要按照家长和老师说的就行了"，或者"学习是上小学之后的事，现在只要高高兴兴地玩就可以"。

对此，蒙台梭利提出了完全不同的观点。在她看来，0—6岁期间将具备今后漫长人生80%的能力，是人生最为重要的时期。如果各位家长的孩子处于0—6岁，那就意味着他们处在人生最重要的成长阶段。

更为重要的0—3岁

蒙台梭利认为，神灵似乎在0—3岁、3—6岁的孩子之间画了一条红线，0—3岁是幼儿前期，3—6岁是幼儿后期。

以3岁为界，孩子的成长会发生巨大的变化。父母应该知道这一变化，这也是本书专门把0岁纳入进来的理由。

0—3岁的"无意识记忆"奠定人生的基础

首先，我们要知道0—3岁和3—6岁的孩子在记忆方面的巨大差距。0—3岁被称为"无意识的记忆"，就是无须努力记忆，在大脑中能很快地形成永久的东西。

过了3岁之后，孩子会逐渐像我们大人一样开始转向"意识

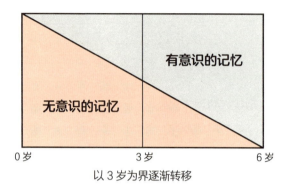

以３岁为界逐渐转移

的记忆"。说起意识和无意识，可能有人觉得无意识不太好，但是无意识的记忆会奠定我们人生的基础，这就像用相机拍摄下瞬间的画面一样，对于所见所感，统统吸收进来。就这样，0—3岁的孩子会在无意识间吸收知识，形成记忆。这些吸收的东西最终就像血肉一样，与他们形影不离。蒙台梭利将其称为"彻底吸收"。正是拥有这样神奇的力量，出生时什么都不会的婴儿，才会学会站立、走路直至跑步。在3岁之前，孩子们就掌握了语言。

"三岁看大，七岁看老"，就是这个道理。

如果有读者的孩子处在人生最关键的幼儿期，特别是0—3岁这一阶段，那么大家一定要知晓这些知识。

≫ 成长清单

☐ 孩子从 0 岁长到 24 岁，可以以 6 年为期分为 4 个
阶段。

☐ 0—6 岁的幼儿期，孩子已经具备了人生 80% 的能力。

☐ 幼儿期还可以再次细分为 0—3 岁的幼儿前期与 3—6
岁的幼儿后期。

☐ 以 3 岁为界，孩子的成长会发生巨大变化。

☐ 0—3 岁的孩子，拥有"无意识的记忆"这一超强能力。

3 孩子茁壮成长的周期：实践篇

　　相信"孩子会自己成长，具有自我依存的力量"之后，父母就应该为他们提供良好的环境和支持，让他们健康成长。

　　孩子本身就具有的能力得到发挥的过程，产生了所谓的成长周期。

　　具体而言有下面六点。

　　1.让孩子在当前所处的环境中带着兴趣或者关注点自由活动。

　　2.由孩子选择自己成长所必需的活动。

　　3.集中反复进行上述相关活动（集中现象）。

　　4.因进步而获得了满足感和成就感。

　　5.活动逐渐熟练，并掌握了必要的生存能力。

　　6.通过上述一系列过程，孩子会萌发出"自我肯定"的信念。然后，继续进行新的挑战，开始新的成长。这就是孩子茁壮成长的基本架构。

❶ 有兴趣和关注点

孩子会寻找自己感兴趣的事物，这是因为他们本能地知道"自己的任务就是必须成长"。这就像是源于"神灵的安排"。

最早来我这儿参加沙龙的孩子，刚开始不肯离开妈妈半步。但是，当他知道这里是安全的地方之后，便开始自己撒欢了。这种"散步"，是一种非常重要的运动。对世间之事感兴趣，才是一切活动的开始。

0—3 岁的孩子，基本上每天都会进行这种散步。他们跌跌撞撞地走，然后用手取来各种东西并对其进行确认。只要环境安全可靠，父母应该尽可能地让孩子持续自由活动。

❷ 自我选择

这样的散步，意味着孩子开始自己选择活动。孩子的"正确成长周期"，是从"怀着兴趣从自我选择"开始的。为了迈开人生的道路，就要养成自食其力的习惯。

0—3 岁的孩子，就是从自我选择开始成长。因此，父母一定要时常检查是否给孩子提供了让他们自我成长的环境。

2 岁的孩子处在"犹豫期"，他们会通过两个之中"选哪个"来开启成长的道路。

也就是说，0—3 岁的孩子一般是判断两者之中"选哪个"，3—6 岁的孩子是从三者之中"确定哪个"。

当孩子要为"确定哪个"征求意见时，不妨让他们自己做出选择。

❸ 集中反复

发现了与自己成长相适应的活动，孩子就会不断集中反复地沉浸其中，这期间就是孩子真正发挥能力的重要阶段。这时候，他们会集中精力，甚至对周围发生了什么也不太注意。如此反复，日复一日，持续很长一段时间。对此，父母主要的责任就是静静地守候，不要让人打扰到孩子的这种坚持。这种坚毅品质，是孩子未来适应生活的重要支撑。

据说，亚马逊公司的创始人杰夫·贝索斯小时候就在蒙台梭利幼儿园以惊人的注意力做自己的事情。为了在别处拥有这样的场地，他甚至会将桌椅都搬过去。

❹ 因进步而获得满足感和成就感

孩子的集中反复，会让活动的精确度大大提升，进而获得满足感和成就感。比如，用夹子夹豌豆，刚开始把握不好力度，豌豆会纷纷掉落，反复多次之后，就会一夹到位。这种运动不仅仅是从不熟练到熟练的过程，还通过眼睛和手的活动，驱动脑神经细胞发出信号，然后获得最后的成功。

不断熟练就意味着大脑不断良性运转，父母如果能关注到这一点，在守护孩子的时候也会快乐满满。

❺ 掌握必要的生存能力

　　0—6 岁期间掌握的能力可以伴随终生。比如，一个孩子用剪刀反复剪纸，掌握了熟练操作的能力，那么这个孩子一生都会熟练运用剪刀。

　　随着年龄的增长，我们可能会患阿尔茨海默病，甚至连自己的名字都忘掉，但是不会忘记 0—6 岁期间所掌握的能力。

❻ 自我选择与自我肯定，可以培养新的挑战意识

　　孩子自己选择感兴趣的活动并认真参与进去，直到满意为止，这时候就会产生"自我肯定"。擦棒球、开瓶盖这些在大人们看来平淡无奇的活动，孩子们却可以玩得津津有味。

　　这样的成功体验不断积累之后，孩子就会产生"我真了不起"或者"我不是也能做好嘛"的内心暗示。

　　这样一来，他们内心就会奔涌出一种再次尝试新活动的"挑战欲"。

　　接着，在自己感兴趣的新领域挑战成功后，就意味着成长周期的开始。

　　在任何领域被誉为"成功者"的伟人们，不管到了多少岁，都会坚持这种成长的周期。著名棒球选手铃木一郎在 45 岁退役

的时候曾经面对记者的采访，说"我一生都在做棒球的研究者"。这句话令我印象深刻。他对棒球进行极致探索，并在这一过程中发现新问题，完成新挑战，堪称成长周期的典型。

所以，父母一定要知道0—3岁的幼儿期是孩子成长周期的开端，务必充分重视。

出于好心，却为孩子成长制造了障碍

孩子的成长周期开始的时候，父母不需要做什么，他们就可以健康茁壮成长。但是，有一些情况，可能会导致孩子的成长周期减缓甚至完全停滞，父母一定要引起注意。这就是通常所说的"错误的成长周期"。

❶ 周围不存在引发孩子兴趣的环境

比如，为了安全起见，把什么东西都收拾得妥妥帖帖，孩子的手压根够不着。与此相反，周围的东西堆积如山，混乱不堪，孩子不知如何选择。

❷ 自己不会选择

周围没有可供选择的条件，或者孩子想选时，大人就先打断，然后只提供自己想提供的东西。

❸ 精力受到干扰

孩子的活动被打断，或者给孩子错误的东西，或者由大人直接代替孩子进行活动。

❹ 无法获得满足感和成就感

❺ 没能掌握必要的生存能力

孩子自己没有选择能力，自我肯定感很低，没有培养起挑战的意识。

对此，如何是好呢？作为父母，可能经常遇到这样的问题，父母会想"明明我是出于好心才这么做的呀"。

比如"太危险了，所以才收拾起来""这个都玩了好多次，所以想给孩子换换玩法""孩子一个人玩不行，所以想跟孩子一起玩""我觉得孩子做不了，所以才替他做了"，诸如此类，不胜枚举。

所谓的"为了孩子，才做这做那"，实际上是孩子成长的最大障碍。

过度关注孩子欲求的"好妈妈"要特别注意。这些妈妈们往往会在孩子活动之前就观察动态，然后告诉孩子"是不是想要这个"或者"这次玩这个好不好"，总是提前布局。

这种习惯一旦延续下来，孩子最后就会成为不会自己选择而只会"等待指示"的庸才。

只有自己选择并坚持到最后，才能产生"自信"。如果是来自他人的赐予，即使孩子做得再顺利，那也只是"他信"。孩子产生"必须由爸爸妈妈帮我"的心理而导致自信心不强，就是这些错误的成长周期所引起的。

在本书中，"成长周期"是最为关键的一点。父母在腾出时间观察孩子的成长周期的同时，也要反思自己是不是让孩子陷入了"错误的成长周期"。

批评次数锐减的关键词：敏感期

　　所谓敏感期，就是孩子在某一固定时间段内对某些事物表现出强烈的兴趣，然后集中精力反复做这一件事情。

　　比如，孩子看起来非常安静，却不知什么时候打开了妈妈的化妆品盒子，然后把口红涂得到处都是。

　　面对看起来非常安静却如此淘气的孩子，妈妈往往会将孩子手里的东西拿回来放到他们够不着的地方。这时候，孩子可能因为够不到而哭闹不停。这一阶段的孩子，他们的类似表现随处可见。

　　对此，妈妈呵斥倒也不是没有道理。但是，我希望批评完孩子之后，父母也应该留点时间适当思考。特别是，父母一定要知道孩子敏感期的存在。

　　0—3岁的孩子处在"运动敏感期"，他们被好奇心驱使，希望自由地使用手指做各种尝试。在成长的过程中，孩子会觉得似乎有一种"神灵的安排"，告诉自己"现在你应该练习用自己的手指拧、捏东西"。于是，当孩子发现瓶盖可以拧的时候，他们会去多次尝试，直至顺利打开。这样，最能让他们感受到自食其力的喜悦，这也是成长周期中的关键环节。

　　因为高兴，孩子们越发干劲十足。在这种情况下自己的玩具却突然被妈妈放到高处，当然会号啕大哭。

所谓"某某期"，当然既有开始，也有结束。孩子的这种敏感期从 0 岁开始，大概 6 岁结束。敏感期结束后，孩子的自我冲动就会减少，反复再做同一件事也不会感到那么开心。

如果在敏感期内拿走或者干脆不给孩子们可以拧、捏的玩具会怎么样呢？有可能在这个孩子长大以后，也无法熟练掌握相关动作。

此外，现在我们生活中可供拧、捏的东西越来越少了。比如对水龙头、抹布、音量开关都进行了改进和调整后，无法用手指拿起棋子的孩子急剧增多。

3 根手指影响大脑

有的父母认为，手指不灵活没事，只要脑子好使就行。但是，手指的活动，特别是大拇指、中指、食指与大脑发育有着极为重要的关系。我们不妨参考下页图，当孩子的大脑神经细胞不断发育时，神经回路（神经网）会变得更为密集，大脑的工作效率会更高。这就是我们通常所说的聪明大脑。

神经细胞以突触为媒介，进而形成复杂的神经回路。如下页图所示，孩子在 5 岁前突触会快速增加，在 7 岁达到顶峰，10 岁前后开始减少。

神经细胞和突触

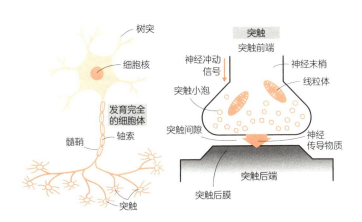

突触密度的发展变化图

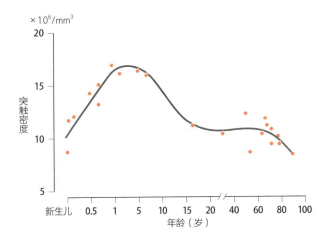

神经细胞最为活跃的瞬间，就是"3根手指活动的时候"。所以蒙台梭利说"3根手指影响大脑"，正是因为这3根手指会给大脑带来刺激。

上面提到的那些试图打开盖子的孩子们，看似是在淘气，实际上正处于活动的敏感期。这时候，他们的脑神经细胞最为活跃。

了解了孩子敏感期的存在，就会在培养孩子方面有所改变。面对孩子的淘气行为或者无端哭泣的举动，家长就不会完全不懂。所以说，不要做那些动不动就呵斥孩子或者直接把东西放在高处的家长，而是应该带着兴趣，敢于在培养孩子方面实现转变。

家长转变的契机，就是应对好孩子的敏感期。人的一生会表现出很多敏感反应，但是大部分都会出现在0—6岁的幼儿期，然后逐渐消失。这就是蒙台梭利教育强调6年幼儿期最为关键的原因。

本书会对0—3岁这一时期中特别关键的"运动敏感期""秩序敏感期""语言敏感期"进行详细介绍。

我们不会局限于知识的介绍，还会从实践角度出发，凝练出30个关键词，然后在下一章逐一说明。

成长清单

- ☐ 所谓"敏感期"，就是对某些事物充满强烈的好奇，并在特定时间内集中注意力反复做这些事情。
- ☐ 孩子"淘气"，实际上是敏感期的表现之一。
- ☐ 使用3根手指，可以使大脑活跃。
- ☐ 大部分敏感期出现在0—6岁，随后会逐渐消失。
- ☐ 家长了解了敏感期，才会重新审视孩子的某些行为，这也是提高孩子培养质量的第一步。

希望"奶爸"去实践的蒙台梭利教育

其实，本书也可以供"奶爸"们阅读。

我曾说过，我有养育 4 个孩子的经验，但是由于我和妻子都属于再婚家庭，所以前面的 3 个孩子都并非我亲生。再婚之后，才有了第 4 个孩子，自己也就成了 4 个孩子的爸爸。可以说，这是个异常艰辛的开始。这时，蒙台梭利教育给我了莫大的帮助。

"只要了解孩子的成长规律，好好守护孩子，然后为他们提供良好的环境，孩子就会自然成长。"我在庞大的蒙台梭利教育文献中，没有发现一处有关"遗传"的表述。蒙台梭利教育基于一切环境都是可以把握的这一出发点来考虑问题。

再婚之后，我读了很多教人如何做一个好爸爸的书，但是总觉得不得要领。困惑之余，我在妻子的书架上看到一本蒙台梭利教育的书，读后恍然大悟，深感"即使没有血缘关系，我也可以做一个好爸爸"。

最近全职"奶爸"似乎大受欢迎。能够和女性一样带孩子、做饭、洗衣服、扫地等，真是十分了不起。他们，也在改变着日本子女教育的格局。

在我看来，蒙台梭利教育是一种面向喜欢较真的男性的教育方法。因为这套教育方法源于医生的思考，在理论和实践方面均有明确说明。还有一条重要理由就是，该教育方法遵照孩子的成长规律，只要照此实践就必然产生相应效果。也就是说，蒙台梭利教育确实适合那些重视育儿的"奶爸"们。

　　也许，很多爸爸觉得带孩子不得其法。但是按照蒙台梭利教育去做，只要在周末准备一些架子、手工制作等玩具，孩子就能健康成长。

　　与妈妈相比，很多爸爸带孩子的时间都很短，当自己从海外出差回来时，惊讶地发现孩子已经会走路了。针对这样的情况，我们准备了简单便捷的"成长清单"。只要用手机拍下上面的"条款"并随身携带，即使不在孩子身边，也能知道孩子从出生到成长的每一步变化。

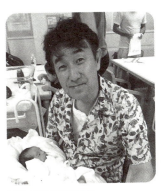

　　所以我希望大家能充分利用本书，来支撑自己的孩子自由飞翔。各位"奶爸"可以通过培养 0—3 岁的孩子，体验生命的精彩。

正在带孙子的作者

Chapter

2

从怀孕到生育

0—1岁孩子的养育方式

苹果

产生深厚感情的 8 周：
"母子共生期"

在母胎内处于舒适状态的胎儿，某一天突然来到这个炫目的、寒冷的、嘈杂的世界，带着对这种变化的惊愕和恐怖，不禁放声大哭。但是紧接着，他们会感知到大哭之后，妈妈会温柔地把他们抱入怀中，然后给他们喂些母乳。

就这样，小孩会萌发出一种"对社会的肯定感"，觉得自己的需求得到了回应，妈妈的肌肤使其感到温馨，"这个世界原来很美好，人是可以信赖的"。

孩子出生后的 8 周时间是"母子共生期"，这对妈妈来说具有特别的意义。这一时期，母子就像一个整体，孩子会对妈妈产生一种深厚的感情。在这期间，一个女性变成了人母，一个孩子成为妈妈的儿子或者女儿。

动物园有只长颈鹿产崽，园方考虑到长颈鹿妈妈的身体状况，产后两周一直将母子隔离喂养。之后，当园方再次将母子放到一起的时候，长颈鹿妈妈并不认为小家伙是自己的孩子，所以拒绝喂养。可见在自然界之中，"母子共生期"是多么重要！

所以，父母一定要提前知晓这一道理，明白数周时间的母子共生期会影响孩子的一生，并努力让孩子在这一时期内过得充实。

爸爸和周围人的作用

爸爸和爷爷奶奶等亲人要做好母子共生期的守护者，为产妇和孩子提供充足的亲密时间。这个时候，可以说守护最为重要。

有时候亲戚朋友会前来祝贺，欢喜场面持续不断，但刚刚生完孩子的产妇非常疲惫，尽量让前来看望的人知道这一点，这种角色也应该由爸爸或爷爷奶奶等亲人来承担。

应该普及男性陪产假

对妈妈来说，极为关键的母子共生期能否充实度过，将直接影响此后几十年间母子关系的走向。然而给爸爸提供育儿假期，其重要性也需要充分了解。

男性"作为爸爸的自觉"就是在这一时期产生的。面对那弱小的生命，爸爸必须好好守护，当爸爸双手抱过孩子时，父爱就会油然而生，父子感情也会加深许多。

在女性成为妈妈、男性成为爸爸的这 8 周时间内，家人们一起安静地度过，大家一起构筑起家庭这一最小单位，从而成为构建和谐社会的基础。因此，男性陪产假也应该在全国推行。

比如在瑞典，80% 的男性都会享受到陪产假。如果陪产假不能落实，国家将会判定他们所在单位存在问题。

"初乳"的重要性

母子共生期内还有一个问题非常重要，那就是母乳。生完孩子后一周内的母乳叫"初乳"，与一周后的母乳有很大区别，对婴儿来说有特别的意义。初乳作为刚出生婴儿的专用特殊食物，蛋白质是一般母乳含量的 7 倍，这些蛋白质中包含抗体，可以对抗外界细菌，保护孩子健康。

与母胎内部那种充满杂菌的世界相比，初乳是妈妈给新生儿迎接新世界的特殊礼物。当然，母乳是否容易排出会因人而异，甚至有些无法获得初乳的孩子也会健康成长。但是，建议各位妈妈尽可能抛却压力，做到初乳喂养。

做好室内装饰

如何支撑母子共生与孩子喂养，我们将在第三章详细讲述，其中十分重要的一点就是迎接新生儿之前，做好室内装饰。

在产妇住院期间，家人就应该全员出动，做好室内装饰的调整。特别是有爷爷奶奶的家庭，应该齐心协力做好这项工作。

成长清单

- ☐ 孩子出生 8 周时间内，对妈妈和孩子都具有特殊意义。
- ☐ 爸爸和周围的亲人的关键作用就是守护好"母子共生期"。
- ☐ 生完小孩一周内的初乳，是给孩子的特殊礼物。

keyword
2

亲子关系激变：
"秩序敏感期"

　　有人可能会怀疑，婴儿怎么会懂"秩序"。

　　婴儿出生前，对世间之事一无所知。出生不久之后，他们就会以非常快的速度接触世间情况和规则，并将其作为"秩序"吸收进来。和我们大人有意识的记忆不同，婴儿对外界秩序的吸收属于"无意识的记忆"。也就是说，他们拥有一种强大的能力，会在无意识之间接受大量的东西。

　　但是，因为是像放电影一样留下印记，所以当婴儿所处的位置、场景顺序以及对待他们的方式出现不同时，他们就会难以接受并表现出不舒服。

　　比如说穿衣，平时都是妈妈给穿，顺序是先穿裤子伸右腿，这次突然是爸爸来穿，变成了先穿衬衣。再比如，此前墙上一直挂着的好看的绘画，今天突然被收起来了。此外，还有经常散步的路径发生变化，爸爸经常坐的椅子坐了客人……这种在大人看来不足为奇的小事，对小孩来说却绝对难以接受。这是因为，他们正处在"秩序敏感期"。

　　蒙台梭利认为，"对孩子来说，秩序就像脚踩的大地，盖房子的地面，鱼儿游动的水一样重要"。诚如所言，如果脚下的坚硬地面突然变得软绵绵，确实难以接受。

所以，父母首先应该知道孩子"秩序敏感期"的存在。一般来说，秩序敏感期从出生开始，2 岁左右达到顶峰，会一直持续到 4 岁前后。

还是那句话，当孩子不知为何哭泣的时候，父母不要想当然地收拾这收拾那，而是应该反思是不是哪里做错了。

要注意搬家引发的问题

对"相同事物"感到舒服的"秩序敏感期"的孩子来说，搬家这样导致环境大为改变的情况，会给他们带来巨大压力。

搬家对大人来说会觉得焕然一新，但对孩子来说却要加倍注意，搬家甚至会成为引发孩子身体问题的诱因。如果确实不得不搬家，我也希望各位家长知道搬家会给孩子带来很大的影响。在此基础上，尽可能将孩子所在环境布置得和原来一样。

"原样"和孩子的安心密切相关

维持顺序、习惯、场所等外在环境的原样固然重要，但是对孩子来说最重要的"环境"还是父母。

如果父母的育儿方式稳定不变，就会让孩子产生一种安心感。喂乳、换尿布的时候总是温柔关爱，才是孩子获得安心的源泉。

孩子安心，父母才能安心。持续关爱孩子，对父母也大有裨益。

秩序影响孩子的将来

我经常听有些父母抱怨，说"我们家孩子非常执拗，很难管"。这个时候，我会告诉他们"执拗的孩子，以后会有好发展"。这么说绝非安慰，而是事实。因为这一时期的孩子，都是按照秩序来理解外面的世界。

也就是说，孩子会按照"刚开始这样，然后这样，最后这样"的顺序吸收外在的知识。这样一来，在他们长大参加活动的时候，也会按照秩序有序推进。这就是秩序的重要之处。

在这种对父母来说难以理解甚至十分麻烦的"秩序敏感期"内，如果父母能了解这方面的知识，好好守护孩子，并为他们提供秩序良好的环境，那么亲子关系将会十分融洽。

对父母来说，要认真观察自己的孩子当前是否处在这一时期。

后面我们还会介绍"迎接新生儿的4个角落"及其他方法，可以应对孩子的秩序敏感期。照此操作，带孩子会增加很多欢乐。

成长清单

- ☐ 孩子会以秩序为基础理解外面的世界。
- ☐ 孩子不明原因地哭泣，可能是父母哪里做得不对。
- ☐ 搬家或者装修，都要注意。
- ☐ 父母照顾孩子，方式要尽可能"一以贯之"。

童谣育儿

也许和蒙台梭利教育没什么直接关系，我取得了一张"童谣育儿"的资格证书，在日本男性里面还是第一位呢。

童谣育儿并非只是儿童的身体护理，还非常重视与孩子的心灵交流。此外，还可以在固定时间内，按照固定顺序与孩子互动，提升孩子的"秩序感"，让孩子感受到真正的安心。如果再加上童谣，孩子就会觉得这是爸爸妈妈将要为自己按摩了，并对此心存期待。

然后，从手指按摩到脚趾，孩子就会感到"原来这就是自己的身体呀"，效果当然很好。

父母意识到孩子秩序敏感期的存在，才能建立真正良好的亲子关系。童谣育儿就是很好的例证。

妈妈和孩子都开心

迎接新生儿的4个角落

对待处在秩序敏感期的孩子，关键是要使其长期感受到"同样的地方，同样的顺序"。只要在房间设置4个角落，落实"一以贯之"的观念，孩子就会高高兴兴，父母也会心满意足。

刚出生的婴儿，会通过哭声表达自己的诉求，或者希望妈妈喂吃的，或者希望给自己换尿布，以此和妈妈构建起亲子关系。原本对世界一无所知的婴儿，出生后会无意识地吸收外界的信息，然后将其作为"秩序"，得出"原来如此，世界原来是这样"的结论。

因此，我希望家长能够知道，这种井然有序的秩序，对孩子的安心成长至关重要。

对此，准父母们无须在孩子降生之前慌忙准备，只需要提前布置好4个角落就可以。

角落1 哺乳角

需要给哺乳期的妈妈专门准备一个带扶手、坐下来舒适的哺乳角。这个地方能让妈妈和孩子很好地交流，进而建立起亲密的关系。

　　对孩子来说，这将会成为他们今后漫长人生中人际关系的基础。因此，无论如何都应该提供一个能让妈妈静心哺乳的地方。

　　在哺乳角的旁边，不要放手机或电视。妈妈的视线要便于看到孩子的脸。

　　在触手可及的地方放上手帕、毛巾、纸巾等可供随时使用的东西。此外，也可以放上妈妈喝的饮品，尽可能让哺乳过程不被打断。

　　每天在固定时间把孩子带到这里喂养，那么"同样的地方，同样的顺序"可以给孩子带来安心舒适的感觉。

　　由于空间的关系，无法确定大家在哺乳角中是否能放置理想

为了哺乳不受影响，最好将相关用品放在手边便于取用。

● 用于打喷嚏的手帕
● 妈妈坐下来的时候，椅子要适合支撑肘部
● 擦汗的毛巾、纸巾
● 喝水用的水杯，或是其他饮品
● 温度计、湿度计等

的椅子，但是只要能确定一个固定哺乳的地方就会带来相应的效果。因此，我希望大家能照此去做。

角落 2　换尿布角

换尿布的角落也十分必要。高度适中的尿布台，可以减轻妈妈（或者爸爸）腰部的负担。和哺乳一样，换尿布也可以建立良好的亲子关系。换尿布期间，可以边换边说"换尿布啦，换完就舒服啦"之类的话，与孩子互动。

因为每天来这里好几次，孩子就会预知"来到这里就是换尿布，换完之后自己会清爽很多"。于是再换尿布的时候，小孩就会抬起自己的腰配合妈妈。因为是"同样的地方，同样的顺序"，这种"秩序感"一直保持，所以孩子会感到非常安心。

和哺乳角一样，换尿布的角落也应该设置成单手可以取到所有必需品的样子。

如此，每天好几次换尿布，对亲子双方来说都不会成为"黑暗的、痛苦的、煎熬的"时间，而是他们"明媚的、欢乐的、舒适的"交流时间。所以，一定要设置好换尿布的角落。

外出时如何换尿布？

当然，家里用的尿布台不可能带出去，所以出去的时候要随身携带常用的防水尿布，尽可能用心，让孩子觉得依旧是平常的体验。虽然地点有所变化，但尿布还是那么舒服，所以孩子也会非常开心地接受。

角落3　运动角

孩子醒来的时候，可以将其带到运动角。

当然，特别小的孩子这时候还不能爬着走，但是眼睛可以四处转动，头部可以慢慢晃动，这一时期可以让孩子看自己在镜子里面的样子。这种对看，也是运动的一种。

当然，这时候他们可能还不知道镜子里是自己。但是，他们会面对镜子发笑或伸手，接受这样的刺激。

地板上最好铺上带颜色的床单，如果能摆上榻榻米当作地板

将换尿布时所需要的东西放在触手可及的地方。

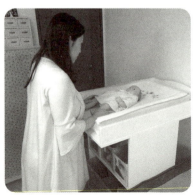

高度适中的尿布台有利于保护妈妈（或爸爸）的腰部

最好。这样的话，就不会那么滑，温度也比较适中，即便孩子不小心摔倒也不至于受伤。

接下来，就是在趴着走或者扶着走的阶段，在稳定性好的架子上放少量能够吸引孩子的玩具（教具）。

角落4　睡觉角

刚出生的婴儿，一天大部分时间都在睡眠中度过。所以，孩子睡觉的地方一定要是家里最安静、空气最好的地方。对此，需要注意两点：

1. 在地板上直接铺被褥

好处：不会遮挡视线。孩子想睡的时候可以自己到被褥中，醒来后会自己从被褥中出来。

接受来自镜子或活动吊铃的刺激。

孩子非常喜欢镜子。♥

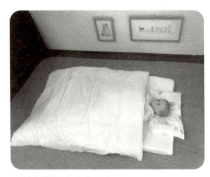

可以在被褥中自由出入

空气好，不容易被外部打扰

弊端：容易沾染灰尘。家里的宠物可能会影响孩子睡眠。

2.用婴儿床

好处：因为位置比地板高，所以空气相对较好。可以减少外部的影响，大人照顾孩子的时候对腰部损伤较小。

弊端：孩子会产生一种闭塞感，感觉就像在笼子里面。孩子无法自由起身。

习惯了看家人的照片或漂亮的绘画后，会给人带来一种舒心感。因此当睡眠地点确定好后，孩子会自然而然地觉得"这里就是我睡觉的地方"。

此外，睡觉的地方最好是晚上昏暗，早上拉开窗帘就会明朗。因为我们需要让孩子感受到昼夜的差别。

🏠 迎接新生儿的清单

☐ 布置出用于哺乳、换尿布、玩耍、睡觉的4个角落。

- ☐ 由于家中空间有限，可能没法腾出某个理想角落，但一定要固定一个场所。
- ☐ "同样的地方，同样的顺序"会让孩子感到安心。
- ☐ 哺乳角的设置，要便于妈妈落座。
- ☐ 为了不中断哺乳，将相关必要的物品放在触手可及的地方。
- ☐ 在外出的时候，要提前准备好可换的同型号尿布。
- ☐ 在活动角，准备好活动吊铃、架子、可以抓取的玩具。
- ☐ 准备好镜子，让孩子认识自己。
- ☐ 在运动角准备榻榻米也十分必要。
- ☐ 在最安静、空气最好的地方设置睡眠角。
- ☐ 不仅要注意室内温度，还要关注湿度。
- ☐ 坐在地板上的时候，确保孩子在视线范围内。
- ☐ 查看地上有没有会导致孩子误饮误食的东西。
- ☐ 把充电线、延长线等放在孩子够不着的地方。
- ☐ 架子最好具有抗震性能。
- ☐ 外出时，要准备好尿布、牛奶、水等。
- ☐ 清理毛毯、整理床面或除螨等事，要提前完成。
- ☐ 清理空调过滤器也要提前完成。
- ☐ 要避免孩子在床上时产生敏感反应。
- ☐ 让孩子的哥哥姐姐待在自己的地方。

keyword 4

止住婴儿哭闹的神奇裹布：
襁褓巾

刚出生的婴儿，往往带着不安来到这个世界。由于他们的视野有限，身体的感触主要来自妈妈的声音和味道。

因此，当妈妈抱着的时候，他们就会睡得香甜，但换成毛手毛脚的爸爸时，他们就可能像被点燃了怒火一样哭个不停。孩子好不容易睡着后被放到床上时，也会出现类似的哭闹。这是因为，婴儿具有敏锐的感受力，换人换地方的时候，他们的身体察觉到了位置或者气味的差异。

所以，在生孩子之前，我希望准爸妈们按照蒙台梭利教育模式，为孩子准备好襁褓巾，即"意大利风格的裹布"。

襁褓布的意大利语意思是"小枕头"。将新生儿放在上面，

就可以直接抱起来。这样的话，即使换人或把他们放下也不会改变婴儿的味觉感受和体感，能保持原来的"秩序"，孩子就会

觉得非常舒心。

抱孩子的一方，因为婴儿脑袋晃动不免会感到紧张，但是有襁褓巾的话，那就稳当多了。在出生之前，襁褓巾可以作为妈妈的枕头，留下妈妈的味道，这也会让孩子感到舒服。如此一来，长期的秩序感就会让孩子倍加喜欢。

哺乳期的妈妈和婴儿都比较费力，时不时就大汗淋漓。不过如果有襁褓巾的话，就会缓解孩子肩部的力量，不会导致体温升高。

对第二个孩子也非常有用

襁褓巾对第二个孩子也非常有用。稍大一些的哥哥或者姐姐特别喜欢借助襁褓巾的保护抱起弟弟妹妹。

如果婴儿脑袋易晃，还是谨慎为好。当然，通过抱起婴儿，哥哥或者姐姐也会产生担当意识，减少对婴儿的排斥。

爷爷奶奶的必需品

近来，我也有了孙子，深感襁褓巾作用强大。我虽然在育儿方面经验丰富，但是在抱新生儿时也会有些紧张，有时候甚至手出汗，肩膀难受。可是，如果用襁褓巾抱的话，就舒服多了。因为有妈妈的味道，换人抱的时候小孩就不会哭泣。

在孩子长到 3 个月左右的时候，襁褓巾依然可以使用。孩子长大一点后可能依然依恋，睡觉的时候也不会放手。这样的襁褓巾在日本还没流行起来，很多人都不知道它的存在。如果自己能做的话最好，实体店的成品也不错，网上也可以买到。一定要在孩子出生前准备好。

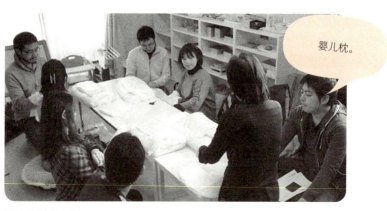

婴儿枕。

襁褓巾使用说明

锻炼孩子的关注焦点：
活动吊铃

从妈妈腹中那个黑暗的世界刚刚降生的婴儿，眼睛还看不清外面，即便是30厘米的距离，可能也无法聚焦。这个距离，刚好是妈妈哺乳时和孩子的距离。在孩子的眼里，一开始没有彩色，只有黑白之分。

所以，刚刚出生的婴儿，就要让他们从聚焦开始练习看清物体。但是，孩子抬头看上面的时候，只能看到纯白的天花板怎么办呢？

这时候，大人可能会想到在孩子头上挂个转来转去的八音盒，但是这些在大人看来华美有趣的东西，对孩子来说可能就是噪音，加之八音盒转动快，孩子的眼睛也转不过来。

对此，我建议家长准备活动吊铃。

活动吊铃可以随风摇摆，简易安静，最适合孩子练习聚焦。下页图是基于蒙台梭利教育理念所设计的穆纳里吊铃（Munari mobile）和高比吊铃（Gobbi mobile）。

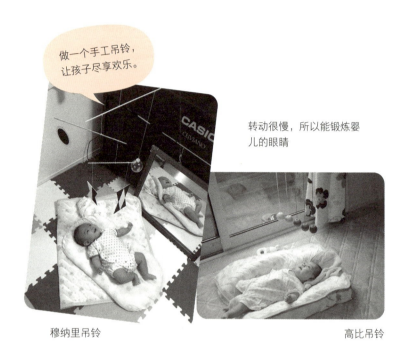

做一个手工吊铃，让孩子尽享欢乐。

转动很慢，所以能锻炼婴儿的眼睛

穆纳里吊铃

高比吊铃

衣服是最贴身的重要"环境"：
选择衣服

　　婴儿的皮肤最初在母胎内形成的时候，就是非常重要的感觉器官。妊娠 7—8 个月的时候，宝宝的皮肤就会发育完善。婴儿出生之后，会通过皮肤的触觉来获取外部世界的信息。因此，包裹婴儿的衣服，就是最为贴身，也是最为重要的"环境"。在选择婴儿服的时候，并不能以看起来可爱、漂亮作为条件，而应该本着有助于孩子成长发育的观点。

选择婴儿服的注意点

　　❶ 婴儿皮肤的敏感性。
　　❷ 衣服没有调温功能。
　　❸ 婴儿不喜欢频繁更换衣服。

●短款

　　短款是婴儿服的基本款式，长度一般到腰部即可。考虑到孩子喜欢摆头，那么衣服上就不宜有帽子。此外，婴儿不喜欢频繁换衣服，那么最好选择换起来方便的款式。

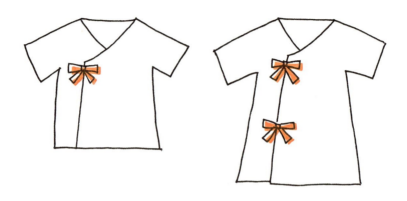

●长款

长款属于短款的加长版，主要面向腿部活动较少的新生儿。扣子少，便于更换尿布。此外，婴儿易出汗，要注重衣服的吸湿性。

●有袖套裤：2个月左右

当孩子2个月左右时，手脚活动比较灵活，这时就应该选择有袖套裤。选择塑料的按扣比较轻便，与肌肤接触少。不过，这种款式在孩子爬着走的阶段会产生阻碍。

●娃娃服：爬着走阶段

当孩子爬着走的时候，衣服容易被蹭破，那么娃娃服就成了不二选择。胸前没有扣子，即使孩子爬的时候也不会产生痛感。屁股部分有按扣，换尿布的时候很方便。

● 衣裤分开：从扶着走路到练习上厕所

这是一款衣裤分开的设计，适合会走路的孩子。

这一阶段的小孩运动量增大，容易出汗多。因此，最好选择吸湿性好的材质。加之来回走路的时候，上下半身活动都很频繁，因此应该考虑伸缩性好的衣服。

小孩学着自己上厕所的时候，娃娃服之类自己脱不下来的衣裤就用不上了，所以这时候得选择穿起来和脱起来都方便的类型。在这一阶段，穿衣脱裤自食其力最为重要。

"柔顺剂" 的使用要点

柔顺剂的使用可以改变衣物的粗糙感，使衣服变得软和。但是柔顺剂中添加的香味过浓，也很值得注意。

刚出生的孩子嗅觉非常敏感，尽量不要让这种柔顺剂中强烈的浓香刺激他们。

如果要用，可以考虑"除臭系列"。

成长清单

☐ 按照孩子的成长阶段和活动习惯选择衣服。

☐ 相比设计、观感，应该以衣服的功能为首选。

☐ 当孩子能扶着东西走路的时候，应该选择他们可以自己穿自己脱的衣服。

手部运动是成长的晴雨表：

握力训练

　　活动吊铃只是"观看"的对象，接下来还要有训练"接触"的对象。孩子刚开始时只会碰到自己的手，然后会对与物体的触碰感到惊讶或喜悦。

　　如下图所示，孩子触碰相关物体会产生声音或张力，最终这种触碰会转化成他们的游戏。为了让孩子轻易拉伸，选橡皮筋可能会比绳子更好。

　　如果是握东西的话，需要准备一些比较硬的玩具。

　　人类的进化，是从直立、自由使用双手和手指来握东西开始。在此基础上，拿起工具并熟练使用，便可在残酷的自然界中代代延续。因此，将握着的东西放下来、替换过来等动作，对人手的灵活运用至关重要。

选择较硬物品的注意点

❶ 为了便于孩子手握，玩具的直径在8毫米左右比较合适。

❷ 因为可能入口，所以一定要卫生安全。

❸ 最好在摇晃的时候能发出声音。

❹ 为了让孩子体会到不同触感，准备的玩具种类可以多种多样。

❺ 孩子爬着走的阶段，可以摆放一些架子，让他们自己选择。

蜂蜜棒一松一握，最为适合。

手工糖果

要让新生儿拿着安心舒适、大小适中且软硬兼顾的物品，市场上的东西往往多有缺陷。因此，我推荐大家可以做个手工糖果逗孩子玩。如下页图所示（布料是9cm×5cm的长方形），缝成筒状，里面装上棉花或大米，两端扎紧。如果在里面装上铃铛之类的东西使之发出声音也可以。当然，材质的选择要考虑安全，即使小孩放入口中也不会产生影响。除了安全性，卫生也极为重要，因此可以考虑多做一些，将用过的或者损坏了的及时扔掉。

小孩在 6 个月左右的时候，就学会了将握住的东西放下或者换手拿，并且乐在其中。10 个月左右的小孩，就

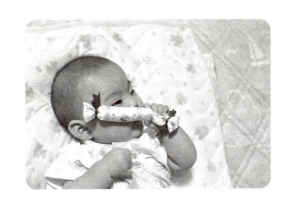

会伸着手向父母要东西了。

一开始看到蒙台梭利教育的玩具，可能只会觉得色彩绚丽。实际上，这些玩具具有多重使用目的，可供小朋友自由玩耍。

拨浪鼓之类的玩具，容易让孩子放松自己。"因为孩子什么都不会做"，他们的活动都在自己的视线范围内。不过，他们有一种成长的强烈自觉，因此在提供玩具的时候要从对等的立场出发，尽可能满足他们的纯粹需求。

≫ 成长清单

- ☐ 手指运动是孩子成长的晴雨表。
- ☐ 刚开始的握力训练，工具要比较硬且粗细适中，以安全为主。
- ☐ 孩子将握在手里的东西放下、替换或者接来接去，都是成长的证据。

爸爸亲手做，孩子迈开第一步：
儿童架子

有人怀疑新生儿是否需要架子，对此我也曾有所耳闻。实际上，架子是引导婴幼儿走向成长新阶段的重要支撑。蒙台梭利教育就十分重视架子的作用。

在孩子扶着走的阶段，架子可以起到助力作用。随着孩子年龄的变化，架子的助力作用也会发生变化，其作用和用途是在变化中体现出来的。

在这一阶段，最开始用手工做的架子即可。这就需要爸爸来发挥作用了。

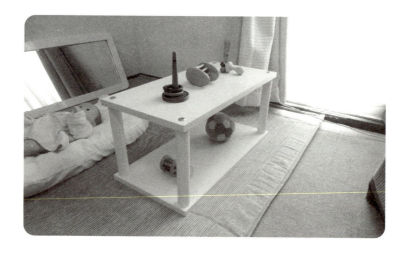

"第三垒"是架子最下面的一格

出生半年后，小孩开始折腾，并尝试爬着行动。

这时候最合适的教具就是布球。只要手一碰就会骨碌碌地滚动，孩子在追球的过程中会爬得越来越快。

当然，布球也不能转得太快。如果球转得太快，滚得太远，孩子就可能会放弃追赶。

这一阶段的孩子，其视线还在架子的最下面一格，这就相当于棒球的"第三垒"。对此，应该在那一格放置两个教具。放两个很关键，主要是为了让孩子自己选。有的人可能会惊诧地问"怎么能让不到1岁的孩子去选择？"其实，这时候让孩子自己选，是让孩子以后能够自食其力的重要训练。

下一步就是"扶着走"

当孩子爬着走熟练以后，会逐渐学扶着走。这时候，孩子依靠架子的位置就会高一些。

因此，架子的稳定性就显得十分重要。这就相当于进入了"第二垒"。

在这一阶段，要在对应的格子上放两三个可以吸引孩子的教具。当孩子会扶着架子走后，接下来就是扶着墙走，然后逐渐撒

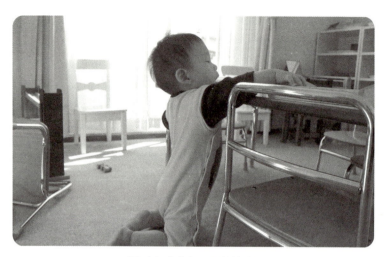

想取架子上的东西➡扶着站起

一个人
站起来了。

快乐瞬间

开手。这样的话，双手就腾出来了，可以自由地玩玩具了。可以说，人类进化的瞬间，都可以从孩子身上看到。

所以，希望各位家长不要错过孩子笑容满面地"独自行走"或"手握玩具"的精彩时刻。

环境不完善，就难以站起来

如果身体没问题，孩子当然自己就能站起来。但是，如果不具备最起码的环境条件，依然无法顺利站起。

曾经有人告诉我说"我们家孩子，就是没法站起来"。我之后去了他们家，才发现了原因所在。

我发现他们家的客厅收拾得非常干净，因为害怕有危险，所以基本没放家具，所有的架子都封闭着，只有地板上散放着一些玩具。

也就是说，他们家连一个助力孩子扶着走的条件都没有。再加上玩具本就放在地上，孩子根本不会想着站起来拿东西。所以说，孩子要站起来，连基本环境都没有。

后来在爸爸的配合下，给他们购置了架子，并在架子上放了孩子喜欢的玩具。几天之后，孩子扶着架子，逐渐开始站着走了。

这就是要重视环境支撑的一个典型案例。如果过于注重安全和清洁，孩子甚至会失去玩乐的对象，这样就得不偿失了。

成长清单

- ☐ 理解孩子成长的轨迹，关注孩子当前的情况，然后为他们提供下一步发展的条件。
- ☐ 要准备符合孩子成长的架子。
- ☐ 要重视孩子视线所及的"第三垒"。

keyword
9

放出来就停不下的
"滚动球"

在孩子爬着走发展到扶着走的阶段，有种叫"滚动球"的玩具最有帮助。蒙台梭利教育虽然没有这种教具，但是有类似可以代替的东西。不过，使用的时候有几点需要注意。

孩子把橡胶球放在轨道上之后，眼睛会随着转动的球而动。需要注意的是，选择规格时，要保持球转动的速度不过快。

也就是说，为了让孩子的视线能赶上球的滚动，球在轨道上运行的速度要适当缓慢一点。如果太快，孩子的视线赶不上，就容易失去兴趣。像这样反复观察球的转动，对后来学习看书大有裨益。

另一个注意的地方就是稳定性。对刚开始趴着走的孩子，要将球放在低处的轨道上，这样才符合

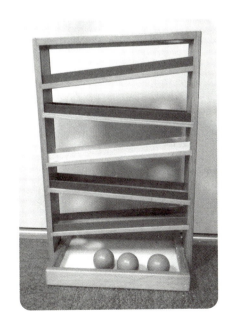

孩子的视线高度。与此同时，当他们发现其他的孩子或者大人站在高处看球转动时，也会想着伸开小手往上够。这就相当于为孩子扶着走提供了好契机。因此，一定要选择足够支撑孩子体重的架台，确保其安全性。

这种教具在孩子中颇有人气，具有一种不可思议的吸引力。在我的工作室，一开始肯定会推荐孩子玩。

即使是初次来玩，感到不安的孩子，只要我将球放在轨道上，球立马骨碌碌地转起来，孩子在观看的过程中，就会觉得"原来如此，我自己也能玩"，然后产生一种自我肯定感。因此，各位家长在自己家里买一个这种玩具，不是也很好吗？

喜欢这种活动的孩子长到高年级后，就可以按照电视节目上的"毕达哥拉斯装置"那样，自己用纸做轨道，将玻璃弹珠放在里面，体验物理学方面的趣味。

凳子也是支撑孩子走路的好东西

从扶物走路到扶墙走路的过渡时期，最有效的家具就是小圆桌或者矮凳子。它们的优点在于有重量，稳定性好。

特别是那种圆形的凳子，可以扶着它连续转着圈地走。

检查以下地点：可能误食误饮处、有水处、窗边、阳台

❶ 爬着走的时候注意误食误饮

孩子爬着走的时候，一不小心就可能冲出固定范围。稍不留意，他们的活动空间就可能从这里变成那里。现在在这个地方，一会儿又到了房间的一个角落里。这时，不小心丢在地上的垃圾，都可能被小孩吃进嘴里。对此，家长一定要多注意，确保孩子不误食误饮。

❷ 扶着走的时候注意有水的地方

这个阶段的孩子，最担心的就是跑到有水的地方。尤其是装满水的浴桶，要多加小心。孩子走路跟跟跄跄的时候头重脚轻，最容易摔倒，跌入水中的可能性也就很大。

其次就是摔跤。处在运动敏感期的孩子，总喜欢爬高下低，那些窗边的架子、阳台放置的东西都容易引起他们的注意，一定要确保不让孩子随便爬上去。

此外，如果孩子去爷爷奶奶家，家里的相关物件也要注意检查，确保安全。

❸ 视线的变化

家长的眼光要放长远，当孩子开始爬着走的时候，就要考虑为孩子扶着走提供良好的环境。

准备架子时，也要按照孩子不同阶段的视线变化分好第三垒和第二垒，选好能够吸引孩子的东西。

此外，那些不宜让孩子触碰或者存在危险的东西，最好放在孩子触碰不到的地方。

成长清单

☐ 扶着走的阶段，为了锻炼孩子的注意力，那种"滚动球"最为有效。

☐ 要准备孩子扶着走的架子或者圆形椅子。

☐ 孩子的活动范围可能变大，所以要注意各处的安全。

如果和"成长清单"不一样的话

　　我在本书的开头就提到"成长清单对应的月龄毕竟是个大概值，绝对不应该生搬硬套"。孩子长到快 3 岁的时候，出现一些对应偏差也是常有的。不过如果和别的孩子差距 1 年以上，那就有必要思考一下哪里出了问题。

　　在我的工作室，不少家长都谈到过关于孩子发育的情况。父母通过找专家、儿科医生了解情况，然后找原因，再接着重新检查自己家的环境情况，基本上可以找出问题所在。早点了解孩子的活动规律，在此基础上考量孩子发育存在的问题，就可以避免对孩子的二次伤害。比如有的孩子虽然发育慢，但成长顺序不变。蒙台梭利教育最开始就是面向残障儿童的，因此只有在稍慢的教育节奏中，才能发现孩子的真正成长节奏。

keyword
10

告别用智能手机育儿：
语言敏感期

　　婴儿的听觉在妈妈怀孕 7 个月左右的时候开始发育。因此，让这一时期的胎儿听到父母的声音，是提升他们语言能力的第一阶段，可以说十分重要。孩子出生 2 个月左右，就会下意识地转向正在说话的人。孩子 4 岁之前都处在无意识的记忆阶段，具有超强的能力，可以对所见所闻不断吸收。经常和孩子对话，可以提升他们的语言能力。

和婴儿说话的 3 个注意点

❶ 观察口型

　　孩子出声并不奇怪，重要的是认真观察他们的口型。有时候，孩子会伸手触碰嘴巴。当孩子嘴巴张大时要注意观察，耐心地和他们练习说话。

❷ 说话要慢

　　孩子的节奏要比大人慢许多，因此和孩子说话时要尽量慢点，清晰点，用心和他们交流。

❸ 比平时语调稍高

对孩子温言软语是一种独特的表达方式，被称为育儿语。与我们平时的说话方式不同，育儿语缓慢、语调稍高、抑扬顿挫，有助于孩子对音素的吸收。特别是那些声音低沉的爸爸们，调子一定要提高一个节拍。

相遇要从"实物"开始

在无意识记忆这一超能力阶段，孩子会学习大量语言。此时，要让孩子看到许许多多的"实物""真物"，让他们去听，去接触。

一定要让孩子接触"实物"。要将孩子的注意力从照片、绘画、动漫等世间相对"抽象"的物品转移到实物上来。因为孩子不会像大人那样容易理解抽象化的东西，所以要尽可能让孩子从实物开始接触相关东西。

9个多月的时候，孩子可以看到大人手指指向的物体，这叫作"共同注意"。

比如在家里的时候，可以用手边指边说这是"电视、电话、桌子"，去了动物园就可以告诉孩子这是"狮子、大象、长颈

鹿"，进入超市买东西的时候，可以指着相关商品说这是"辣椒、土豆、西瓜"。这样，孩子可以边看实物边学习说话。

除了视觉，也要尽可能充分调动其他感官。比如土豆，就可以让孩子试试拿着，感知其表皮的粗糙、重量和味道，让孩子的体验更为深入。

充分观察、了解实物后，孩子就会逐渐理解抽象化的照片、画片等东西。

此时再将孩子周围的动物、水果、蔬菜、交通工具等东西按照不同主题画成图画，然后照此教给孩子不同的词汇。

这一阶段要专注于输入，不要先想着输出。

提升孩子语言能力的"语言三阶段"

每个父母都希望自己的孩子能够记住大量的语言词汇。

他们会把苹果或香蕉拿过来，然后告诉孩子"这是苹果，这是香蕉"。这样做当然很好，可以尽量让孩子看得多，记得多。

但是，大人不应该试图让孩子立刻记住。

比如下面的对话：

父母：这是什么？

孩子：……

父母：说过了是苹果，记住这是苹果、苹果、苹果……

这么做就不对了。我希望父母明白，对小孩来说，他们是先看到东西，然后知道叫什么，但是不会说。

先看下图。最顶上的小三角，是我们大人理解中的"会说"的部分。也就是说，第三阶段是物和名一致，并且能说。

不过，对孩子来说，"会说"的词汇只有很少一部分。

语言三阶段

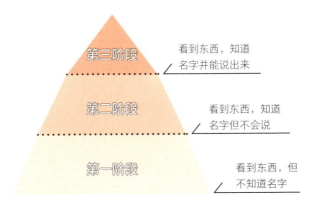

第三阶段　看到东西，知道名字并能说出来

第二阶段　看到东西，知道名字但不会说

第一阶段　看到东西，但不知道名字

对小孩来说，眼前的大多物体是"能看到，但不知道叫什么"。

在此基础上的第二阶段是"能看到，知道叫什么，但是不会说"。父母一定要知道语言三阶段的存在。

0—1岁的孩子都属于第一阶段。这时候，只要让他们看实物，记名字就可以。孩子会靠着无意识记忆这一强大能力不断吸收这些信息。对这一阶段的孩子，不要想着让他们"输出"。

过了1岁之后，孩子会开始说零星的实物名词，即进入第二阶段。可以给孩子看3个物体，让他们记住物体的名称，但是不要问他们"这是什么"，而要问"苹果是哪个"或者"把苹果拿过来"。

这样的话，孩子不用说话，就可以指出苹果，或者直接把苹果拿过来。

如此反复练习之后，随着孩子的认知熟练，就到了可以问他们"这是什么"的第三阶段了。

这也被称为"塞甘的第三阶段课程"。

这是法国医生爱德华·塞甘提出的与精神发育迟缓的孩子相处的一套方案，蒙台梭利将其应用到了所有孩子身上。

我和蒙台梭利教育机构中的教师练习过很多次，也一直在实践中应用。我也希望大家能用起来。

成长清单

☐ 和孩子对话的时候，要认真"看孩子的口型，慢慢地说，稍微提高声调"。

☐ 要让小孩邂逅"实物"。

☐ 灵活运用"塞甘的第三阶段课程"。

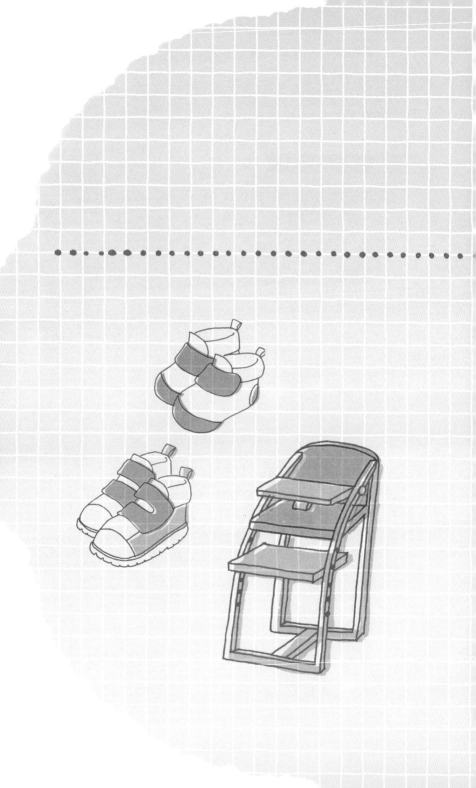

1—2 岁孩子的养育方式

运动敏感期

了解孩子的
运动敏感期

提起运动，很多人可能都会想，是不是在操场？我们这里讲的运动，是握、捏、拧等动作。

刚出生的婴儿，只会呼吸、吃奶这样的动作。之后在上小学前的 6 年，他们会学会站立、走路、跑、骑自行车以及收拾东西等，真可谓是了不起的成长变化。

使这一切成为可能的，正是"运动敏感期"。所谓敏感期，就是孩子在某一期间对某些事物表现出强烈的兴趣，然后集中精力反复去练习。至于他们对什么有兴趣，当然会随着年龄的变化而变化。

就像"神灵的安排"一样，那时无形的指令会告诉孩子现在要抓东西，必须集中精力握住了。然后，孩子会选择自己想做的活动并努力反复尝试，直至感受到得心应手。在自食其力的瞬间，多巴胺这种能让人感到快慰的激素会涌入大脑。

自己选择和自己集中精力去做，会让孩子萌发出自我肯定感和收获感。

父母要做的就是不打扰

对此，家长要做的就是"不打扰"。在孩子准备自我选择的瞬间，可以鼓励他们"试试看"，而不是告诉孩子"妈妈来做比较安全，也很快"。孩子好不容易集中注意力反复努力，这时候父母就不要随便参与。

对孩子的专注，不要打扰，更不要呵斥。

父母如果不知道运动敏感期的存在，那么孩子下面这些行为，就有可能被视为"恶作剧"。

🏠 运动敏感期的表现

- ☐ 把卫生纸从盒子里拽出来。
- ☐ 把桌子上的东西都弄到地板上。
- ☐ 在桌子上倒水，弄得桌子湿淋淋的。
- ☐ 想开箱子或瓶子的盖儿。
- ☐ 玩弄电脑键盘或电视遥控器。
- ☐ 在沙发上蹦来跳去。
- ☐ 在有洞孔的地方都塞东西。
- ☐ 把口红打开到处乱涂。
- ☐ 在高处走来走去引起注意。
- ☐ 突然从高处跳下来。

诸如此类，还有很多。

当然，也不是所有的父母都遇到过这些情况。但是想一想，是不是有一些情景，确实曾让父母觉得这是"瞎捣乱"。

这真的是孩子瞎捣乱吗？

当然不是。其实，孩子的每个活动都自有深意。孩子不断反复地进行同一个活动，那么相关动作就会驾轻就熟。这时候，那种自食其力的喜悦，会带来多巴胺刺激大脑。因此，家长会经常看到孩子越做越起劲，这就是"我们家孩子真是长大了"的感觉。

如果知道孩子敏感期的存在，就不会将他们的一些活动视为瞎捣乱而进行呵止了。

反而会认识到"原来如此，我们家孩子正在进行拿捏东西的练习，希望他顺利"。

这样一来，原来那种习惯呵斥、没收、禁止孩子某些行为的父母，就会转变为理解、守护并衷心支持。这就是育儿方面的一大进步。前后态度，真是一下子变了180度。

家长容易做偏的几种情况

下面的几种情况，我们家长会觉得"是为了孩子好"，结果却事与愿违。

来我工作室咨询的家长们就曾表现出类似的问题，我希望借此对各位家长有所提醒。

❶ 催促孩子

孩子做事比较慢，家长就习惯用自己的节奏催孩子"快点，快点"。对孩子来说，这并不现实。

❷ 家长先做

孩子想做某事之前，家长提前先做一遍。其实这样并不好。

❸ 打断孩子

孩子正在集中注意力地反复做一件事，大人却说"行了行了，来做这个"，或者说"没时间了，玩其他的吧"而打断孩子，这种行为并不可取。

❹ 代替孩子

很多家长总是会因为诸如"那个很危险""那个很困难""那个你不能做""妈妈来做比较快"等理由来代替孩子，千万不要这样做。

⑤ 不管不顾

有的家长觉得孩子"做什么都可以"，也不引导孩子的做事方式。但是要知道，保障孩子自由基础上的守护与放任自流完全是两回事。每个孩子都希望能够发挥自我，而不是按照家长的意志去做事，家长应该相信孩子的成长规律，做好对孩子的守护。与之相反，如果家长一味地不管不顾，也是难辞其咎。家长平时的教育方式，会影响孩子未来的发展。

并不是对孩子的淘气行为随意放任

当然，我们强调不要打断孩子，并非对孩子淘气行为的放任。对于那些存在危险的行为，那些会产生诸多麻烦的后果以及过分的举动，一定要制止。然后再设身处地地思考有没有让孩子真心接受的方式。这才是育儿方式的提升。

成长清单

- ☐ 如果认为孩子确实是淘气，一定要有判断理由。
- ☐ 要提前知道运动敏感期孩子的一些行为。
- ☐ 要设身处地地让孩子真心接受。

孩子 1 岁的最大主题：

走路

1—2 岁大的孩子，主要有以下 3 个主题：

1 直立行走。

2 紧握并熟练使用工具。

3 会说话。

上述 3 种，是只有人才具备的 3 种能力。人直立行走之后，手可以自由运用，手的自由运用又促进大脑的发达。另一方面，直立行走导致咽喉降低，喉咙的空间随之增加，因此开始学会说话。说直立行走是人类一切活动的开始，也并不为过。

最能忠实地还原人类进化过程的，就是 1—2 岁孩子的成长。一个人的一生如何度过，在很大程度上取决于这一年。

有很多人认为"人是脑部先发育，然后才学会用手"，这种逻辑刚好与现实相反。实际上是先用手，然后才促进了大脑的发育。

每个家长都希望自己的孩子头脑聪明，那么诀窍就是让孩子的手指不断活动。

手指的使用，可以使孩子的大脑灵活度更高，脑神经细胞的活动更为敏捷。要想自由使用手指，就必须直立站起。在此基础上，人体躯干也会生长发育。

不知各位是否明白？

要想自己的孩子头脑聪明，就必须让孩子站起来多多行走。

孩子在小学期间好好地坐在椅子上也非常关键，因为这样可以让孩子的体格更为强健。

此前，一位一年级班主任老师告诉我说："现在的孩子，都在椅子上坐不住，甚至连坐正都不想，一不留神就瘫坐到地板上。"这些习惯，都会导致躯干发育不良。

想要锻炼孩子的身体，认真"走路"最为关键。然后在走的过程中带着兴趣去发现新东西，捡拾新玩具的"蹲—站"循环效果更好。

为了充分陪伴孩子的这种"走路"训练，就必须知道大人走路和孩子走路存在的巨大区别。

小孩"走路"与大人完全不同

对大人来说，从 A 到 B，都是选择如何去才能更快、更省力，选择侧重于"移动方式"。

比如大人会考虑汽车、电车、电梯或扶梯等工具，将效率放在第一位。

但是，对处在运动敏感期的孩子来说，其最主要的课题是努力"走"而已。

这就好比神灵告诉孩子说"现在，只要你努力走即可"一样。孩子会按照自己的节奏一步一步行走，依靠自己的力量上台阶或捡拾掉落在地板上的东西。

在他们依靠自己独立行走，一个人可以捡起东西或者独立抓起某物的瞬间，体内的多巴胺会流向大脑，然后产生自食其力的自我肯定感。

这一瞬间，孩子会对自己迈开的一步感到无比喜悦，他们是"为了走路而走路"。

孩子为了走路而走路，和大人没有交通工具而不得不走路的情形完全不同。

因此，要尽可能地按照孩子的节奏，让他们认真行走。对于1—2岁的孩子来说，这就是父母最大的支持。

对孩子来说没有着急的理由

我们大人在活动的时候最先考虑的是效率，于是容易催促孩子"快点快点"。然而对于走路本身就是一种趣味的孩子来说，他们没有着急的理由。

对此，很多父母就会选择用婴儿车来代替孩子的行走。

家长选择婴儿车是因为它快速、安全、舒适，但让孩子一直坐在婴儿车里，会导致孩子的身体无法充分发育，手指无法正常使用，结果导致孩子的大脑发育迟缓。

坐上婴儿车之后，什么都不用做就可以移动。但是同时，孩子只能被动地看着一晃而过的景色，即使途中看到自己感兴趣的东西，也无法自主停下来。加之现在的婴儿车上会搭售各色各样的玩具，孩子就会在这样的环境中过完"被操纵"的一天。

孩子丧失了选择的自由，大脑就无法受到应有的成长刺激。

迄今为止，我的工作室接待过两千多个有孩子发育迟缓问题的家庭。其中，有很多共同之处。

甚至在他们走进工作室之前，我只要看一看这些家庭的亲子关系，基本上就能发现问题所在。多数情况下，这些家长都是把孩子从车里抱到婴儿车上，推着孩子走到门口，然后再抱着走进玄关。

孩子的鞋都是父母给脱掉，即使进了屋子，孩子也是被抱在父母的膝盖上。咨询了一天的问题，这期间孩子基本没有自己走动过。

问起理由，家长的说法都是"觉得危险，而且时间紧张，等孩子能走稳的时候再让孩子走吧"。家长虽然是出于好意，却反倒阻碍了孩子的成长。

家长如果都这样统统包办的话，不仅影响孩子的学步，而且还会影响孩子以后生活的方方面面。

为了安全，为了快点，为了顺利，所以替孩子做了，这种看似出于好心的做法，显然成了孩子成长的屏障。

如果不及时调整，以后将难以弥补。

过了时期就晚了

孩子对自己学会走路感到喜悦的"运动敏感期"有开始的时间，也有结束的节点。过了运动敏感期再让孩子走路，多巴胺就不会分泌，孩子便无法感知由此带来的喜悦感和成就感。由此一来，很多孩子会变得不愿走路，或者一走路就觉得"疲惫"。

这样的孩子上小学的时候，就会和大人一样，思想上开始变得"效率优先"。

这样一来，就算你让他们走路，他们也不会再对走路感到喜悦了。

将"走路"放在优先位置

话虽如此，每个人每天都为生活忙碌，拼命地努力工作。休息的时候，都是乘车旅行，同时也想让孩子体验乘车的趣味。

但是，这个年龄段我还是建议将孩子"走路"放在优先位置。因此，相比去游乐场，让孩子坐婴儿车，不如带孩子走着去附近的公园，让他们自己上台阶，玩沙子。

孩子最快乐的时间，必然是基于这样的体验。婴儿车虽然安全快捷，但是阻断了孩子的走路训练，对孩子的不良影响不可轻视。

特别是在1—3岁之间，一定要让孩子尽可能多地、自由地、慢慢地在家里养成走路的习惯。

≫ 成长清单

- ☐ 走路➡强健体魄➡自由使用双手➡大脑更灵活。
- ☐ 要适当让孩子"为走路而走路"。
- ☐ 如果过了运动敏感期就迟了。

keyword
13

提前了解品牌、设计：
选择鞋子

孩子1岁之前，保持光脚最好。因为这个过程中，从站立到支撑自己的身躯，基本上都不用踩地。

不过，过了1岁之后，光脚走路就很危险了。为了保护脚丫，就要选择合适的鞋子。

和衣服一样，对于处在运动敏感期的孩子来说，鞋子也相当于非常重要的"环境"。相较品牌、设计和颜色等因素，应该注重其功能、安全性等方面。

● 选择方法

从扶着走路到正常走路阶段

· 以轻柔材质为主，透气性好。

· 到脚尖处还有0.5厘米左右的宽松距离。

· 可以用拉链控制鞋口的大小，便于调节松紧。

· 因为小孩自己不会穿鞋，要选方便穿脱的鞋子。

· 鞋要深一点，支撑到脚脖子比较好。

· 为了防止滑倒，鞋头部分最好带点弧度。

走路稳之后

- 有拉链的鞋，鞋口可以拉大一些。
- 柔韧性好，走路方便。
- 自己穿起来方便。
- 脏了之后容易清洗。
- 可以系鞋带，确保脚后跟和鞋后跟契合，走起来稳当。

家长做好榜样

　　看到孩子自己穿鞋时折腾来折腾去的样子，家长总免不了想出手相助。但是，还是应该尽可能地让他们自己去完成，家长只要做好守护就好。不过，家长可以在其他方面提供相应的帮助。比如，坐在孩子旁边，让孩子看看自己穿鞋的方法。大人脱鞋看起来轻而易举，那是因为已经习惯成自然。

但是对孩子来说，他们甚至都不明白为什么要穿鞋，因为显然光着脚更方便、更舒服。

因此，家长应该坐在孩子旁边，慢慢地、优雅地做好榜样给孩子看。当孩子看到家长穿鞋的样子，就会慢慢理解自己该怎么做了。

孩子穿鞋的难点主要有 3 个

❶ 脚难伸进去

让孩子自己穿鞋的关键，就是鞋口要宽大，上面带有拉链可以收紧。

❷ 脚后跟塞不进去

把脚后跟塞进鞋里，对孩子来说确实很不容易。孩子手握的鞋的脚后跟部分应该是圆形，鞋筒部分也要有拉链或松紧扣。只要用手拉开拉链或松开松紧扣，脚后跟就容易塞进鞋里了。

❸ 左右弄反

孩子经常会将左右鞋弄反，家长看到后可能会感到生气。与其生气，家长不如先把自己的鞋子按照左右顺序摆好，为孩子树立好榜样。如果鞋子上有品牌标志，可以将其作为标记，让孩子练习，有助于记好左右。如果没有，也可以用马克笔在上面标注一个。无论如何，让孩子自食其力最为重要。

准备低踏台

穿鞋的时候，要注意座位的高低。你们家的玄关是什么样的呢？日本传统家庭的玄关为了大人穿鞋方便，一般台阶都比较高。与之相反，有些无障碍公寓，则直接取消了台阶。对于这样无台阶的情况，要在家里准备15—20厘米高的踏台，并不是充当玄关的作用，而是让孩子在室内先慢慢练习。

要保持孩子的好心情

孩子自己穿鞋确实不易，家长一定要耐心守护。即使是那些一开始就兴趣满满不让家长帮自己的孩子，如果他们失败个几次，也没有什么积极性了，最后就成为"饭来张口，衣来伸手"的样子。因此，及时修正孩子的方法也非常重要。

最好不穿袜子？

只考虑鞋的问题，那么是不是穿鞋不穿袜子更好一些？实际上，脚和鞋的摩擦很大，都会转化成肌肉的负担，而且还容易出汗。因此，最好还是穿上袜子，养成良好习惯。

成长清单

- ☐ 孩子在 1 岁之前，基本上只要光脚就可以，脚板不用着地。
- ☐ 孩子开始走路的时候，要买容易穿脱的鞋子。
- ☐ 当孩子走路稳当之后，要选择让孩子自己穿脱起来便利的鞋子。
- ☐ 家长要做好榜样，让孩子记住穿鞋的难点。孩子穿不好时，家长适当帮助。孩子一个人穿鞋的时候，家长要认真守护。

keyword
14

让孩子轻松学会使用
手工教具

0—3岁孩子的教具家长可以手工制作

处于运动敏感期的孩子，喜欢扔东西、塞东西、拿捏东西，他们的手指似乎被一种强大的冲动所驱使。

于是乎，周围的许多东西都会引起他们的兴趣。比如，他们会将桌子上的东西扔下去，将所有洞孔中都塞满东西，甚至试图打开妈妈的化妆品等不应该触碰的东西。这些都是孩子们运动敏感期的"淘气"表现。

如前所述，如果将这些举动都单纯地视为淘气，家长就会对其进行呵斥或者没收相关东西。这样的话，孩子就无法发挥自我，无法获得良好的成长。

不过，如果父母知道孩子运动敏感期的存在，就会站在旁边认真观察，看看孩子想尝试做什么。发现孩子在捏手的时候，就会干脆给他们一些空瓶子，让孩子去拧瓶盖。

这么做，才是高明的育儿方法。蒙台梭利教育将这种为帮助孩子成长而准备的东西叫作"教具"。

　　教具的特点在于可以融合孩子的活动、兴趣、目的等因素，适合孩子的成长过程。

　　下面我们介绍的手工制作的教具，在 0—3 岁小孩的教具中属于初级的东西，大多材料都是家里有的或者花很少的钱就可以买到的，只要花点时间就可以制作完成。

　　其实不用特意购买，只要在自己家里简单制作就可以。各位家长不妨试试。

　　在此之前，我们先简单说一说"蒙台梭利教具"的特点。

蒙台梭利教具的特点

1 大小应以孩子能操作为好。

2 美观漂亮，能够引起孩子的兴趣。

3 用途单纯，一看就知道用于做什么。

4 玩耍的重点、难点集中在一个方面。

5 要与孩子的进一步成长有关。

6 要让孩子发现自己出错的地方。

什么是自我纠正？

　　上述第六点，可能有些难以理解。

刚开始玩教具的时候，孩子可能不会那么得心应手。对此，如果家长从旁说，"你看你，那么做就会出错""妈妈帮你做吧。你看，这不就好了吗？"孩子会有何感想？

不管孩子多大或者多小，不分缘由地指出他们的错误，容易伤害他们的自尊心。什么都代替孩子去做，孩子怎能建立自信？

这样只会让孩子产生自卑，觉得自己"离开了妈妈，什么都做不了"。

蒙台梭利教育所使用的教具如果在使用方法上出现错误，那么就达不到应有的效果。与此同时，教具注重让孩子"自己发现问题"。即使不用父母或者老师指导，孩子也能自己发现使用误区，然后继续尝试。这就是蒙台梭利教育所说的"自我纠正"。

通过若干次的失败，逐渐就会掌握窍门，然后驾轻就熟，最终取得成功。

也就是说，自己挑战，然后自己发现问题，自己再不断尝试、调整，最后依靠自己取得成功。这样的话，"自食其力"的自我肯定感就会油然而生。

这就是我们所提倡的孩子能力的提升路径。

按照这样的思路，各位家长不妨制作一些教具，让这些教具成为引导孩子加深自我肯定的源泉。

　　家长按照上述目的制作教具，然后观察孩子使用时投入的样子，必然是一种很棒的体验。

▷ 成长清单

- ☐ 0—3岁孩子的教具，很多都可以手工制作。
- ☐ 要知道教具的特点。
- ☐ 为了孩子的自我肯定感，家长不妨亲手制作一番。

keyword 15

培养孩子的注意力：
穿、塞、套

　　这个年龄段的孩子在淘气的时候，会扔掉这个，塞进那个，这种现象可以说非常普遍。

　　有些人来到我的工作室，会惊讶地说："怎么不见您的工作教具呢？"当他们找到之后发现，原来都被满满地塞进了箱子、瓶子里。

　　这是因为，孩子会被一种强烈的冲动所驱使，当他们的手指能自由活动后，他们会抓捏身边的东西，以此来反复练习。当他们确定目标后，就会把这些东西塞进去。这样的练习会增加孩子动作的准确性，提升他们的注意力。

　　我老家的房子是木制建筑，有的地方闭合不严，就会出现小缝隙。小时候有一次我发现家里放钱的柜子有个小口，于是当我有硬币的时候，就会将硬币顺着小口放进去。每每听到硬币碰触柜子发出的叮当响声，我就觉得非常开心。这种体验，至今依然记忆犹新。

　　妈妈看到后，就责问我"拿钱做什么"。后来，爸爸才告诉妈妈说"孩子玩得挺开心，他是往里面存钱呀"，并让我把一元硬币放进里面。

爸爸虽然不知道蒙台梭利教育，但他发现了儿童教育的本质。对于像我这样对塞东西执着不已的孩子来说，我想下图中往箱子里放纸片的教具就十分合适。

❶ 放硬片

买一个储蓄箱，然后往里面放硬片，就会发出"哐"的声音。硬片全部放完后，打开下面的开关再将其取出，如此可以不断反复。刚开始来我工作室的孩子，我都会让他们玩这个，很有人气。

小孩子都很喜欢的人气游戏

❷ 塞进去

可以在放棉签的盒子盖上开个口，将毛线扣子塞进其中。这样，盖口的大小实际上实现了微妙的调节，玩起来软绵绵，也很受孩子喜欢。当然，注意不要让孩子误食。

给放棉签的盒盖开口，
然后把毛线扣子放进去

❸ 套进去

把系头发的皮筋套到厨房纸的立棍上，这样不用担心皮筋掉下去，可以不断地往上套。这样玩起来也很有感觉。

把立棍与皮筋组合起来，就形成了最简单的"套入"活动

❹ 粗物穿透

买个瓶子，瓶盖上开一个小孔，然后将彩色管顺着小孔穿透到瓶里。这样手和眼一同动起来，目的就是按计划将彩色管穿进去。

粗物穿透，练习手和眼并用

❺ 细物穿透（牙签穿透）

粗物穿透熟练之后，可以尝试细物穿透，这样可以培养注意力。将全部牙签都穿进去后，打开瓶盖把牙签取出来再练习，如此反复。

粗物穿透之后，可以练习细物穿透

6 连串

珠帘上掉落的珠子有粗孔，对着孔穿绳，珠子一个一个滚落，也很有趣。刚开始，珠子的孔大一点比较好，习惯之后，可以选择小一点的来练习。

串珠子，刚开始用粗孔珠
比较容易穿过去

7 挂钩

买一个香蕉型架台。然后在建材超市买到S型挂钩，将挂钩挂在架台上。因为挂钩不断摇摆，挂起来会有一定难度，这样可以培养孩子的注意力。

在香蕉型架子上吊挂钩，
因为会摇摆，所以需要集中注意力

keyword 16

锻炼头脑从手指开始：
抓、夹

人的手在进化过程中随着骨骼的分裂，可以通过灵活收缩来"抓"东西。正因如此，我们才会掌握细腻的动作，才会用笔来绘画、写作。也就是说，我们现在的文化，都是从手指"抓"东西开始的。手指的灵活运用，可以有效地增强大脑的活力。

蒙台梭利在 100 年前就将大拇指、食指、中指称为"突出的大脑"，其重要性可想而知。

因此，家长应该创造环境，鼓励孩子用以下教具来练习"抓、夹"的动作。

❶ 进行抓东西测试

带抓手的测试玩具，可以用 3 根手指来练习。刚开始可以像右图一样，先一个一个简单地进行练习。

可以先选择 3 根手指
能抓得住的教具

❷ 贴贴纸

小孩都比较喜欢贴纸，当然也喜欢在纸上贴东西。在这一过程中，孩子的兴趣点在于拿起贴纸把图片抠下来，然后对准方向贴上去。这样，孩子就会产生自我肯定。

贴纸签的时候，需要用手抓起或者剥离，对练习手指大有裨益

家长也可以制作手写贴纸以及其他各种各样的类似道具，让孩子照此玩耍。孩子可以一张张地贴这些贴纸，同时也不要忘记准备好容器来装扔掉的垃圾。

如果孩子能够很好地贴较大的贴纸，那么之后就可以给他们换小一点的再训练。最后，一张绘画中，就可以贴进许多不同大小形状的东西。

❸ 晾衣夹

晾衣夹是培养孩子抓力的最好教具。可以让孩子往比较大的书立等稳定性好的东西上夹晾衣夹。当然，选择晾衣夹的时候，要选用力小也容易打开的类型。孩子学会了用晾衣夹后，可以尝试让他们帮忙晾衣服。

晾衣夹是练习3根手指的最好教具

④ V 形夹

V 形夹可以夹住或者移动毛衣的纽扣。刚开始可以让孩子只捏一捏，习惯之后，再让孩子像拿铅笔那样夹东西。这样，手指的运用就会促进大脑的发育。

用 V 形夹来夹东西或转移东西，
可以培养孩子的注意力

⑤ 小镊子

熟练使用 V 形夹后，如果能像拿铅笔那样握东西，那么就应该让孩子尝试用小镊子来夹东西。比如，可以夹黑豆，夹起来后放到旁边的盒子里摆好顺序。这样的练习难度较高，可以培养孩子的注意力。

会用 V 形夹后，可以用小镊子来
练手。之后，也可以试试用筷子

如果孩子很专注的时候，千万不要突然打扰他们，这一点十分重要。

为什么越来越多孩子不会拧捏：
练习"拧、捏、开"

打开所有门并把里面的东西拉出来，打开调料、药品的瓶盖，玩弄爸爸的音响，按压电脑键盘……

这些都是这个年龄段孩子的淘气玩法。他们被一种强烈的冲动所驱使，总会按自己的意志自由地发挥，比如捏这个，拧那个。

现代社会，"拧"或"捏"的动作已经急剧减少。前段时间来我工作室的一个小孩想洗手，当他把手放到水龙头下，却一直喊着"没有水，没有水"。我想，他们家的水龙头肯定是自动感应的，他没见过需要拧的水龙头，当然不会想到去拧一下了。

除此之外，不会拧抹布、不会打陀螺的孩子也越来越多。对于孩子来说，"拧""捏"等动作是他们不断超越人生的必要训练。对此，家长们不妨准备制作好的教具，让孩子练习。

❶ 收集空瓶

运动敏感期的孩子，特别喜欢用手拧瓶盖，做出淘气的样子。如下页图所示，家长可以收集一些不用的空瓶，让小孩去玩。

瓶子、罐子、箱子等各种容器都可以成为玩具

刚开始只要"打开"即可，因为孩子起初并不会理解"打开—盖上—打开"这样的反复操作。

甚至也可以准备漂亮的小箱子，让孩子打开试试。

❷ 废品道具

电脑、音响、遥控器等各种带按钮的器具，一看像是让人把

孩子玩破旧键盘的时候不要批评

可以抓、捏、拧、按的各种开关，
对孩子都很有吸引力

玩似的，对孩子具有很大的吸引力。孩子或按压或手抓，玩起来都会很有兴致。

看到孩子碰这些玩意，相比呵斥，还不如准备一些废旧物品让他们好好去玩。

❸ 陀螺

陀螺是最适合孩子用手捏起的教具。家长首先应该准备不同形状、大小的陀螺。

要想拿捏得好，就要熟练使用3根手指。这样，孩子就能熟练使用铅笔、筷子等东西。

现在，很多孩子都不会玩陀螺了

❹ 拧螺丝

有些孩子特别喜欢拧螺丝，总是乐此不疲。那么，家长就可以准备一些玩具螺丝。刚开始，最好让孩子玩木质的。

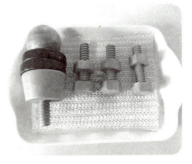

拧螺丝，这些都是木质的

⑤ 研磨棒

用小小的钵和研磨棒，就可以做紫菜盐。当然，里面需要加入盐、紫菜等食材。

做好的紫菜盐，可以放在盒饭里面食用。如果刚开始研磨棒用的是蒜臼，还得让孩子注意要拿稳。

要熟练使用研磨棒，还是有很大难度的

⑥ 移动测量

在塑料计量杯中放入黑豆，做一个测量实验。这种实验，没有灵活的手腕会很难完成。如果孩子做得越来

移动测量，可以练习手腕活动力

越好，就可以将杯中的黑豆换成更小的东西，比如小米。最后，甚至可以用液体来代替。

练习整理：

1岁开始用架子、托盘

手工制作的教具熟练使用之后，那么就得为孩子们配置一些架子了。

架子作为蒙台梭利教育的基本教具，发挥了十分重要的作用。

"自己选择，自己搬运，玩尽兴后自己再放回去。"如此这般，就相当于一个游戏周期。这种易发现、易拿取、易收拾的架子，对孩子来说真是不可或缺。

❶ 0—1 岁（2 段高，最下面相当第三垒）

对此，前面我们已经介绍过。对于扶着走路及这一阶段之前的孩子，要准备 2 段高的架子。

❷ 1—2 岁（4 段高，站起来目光可以看到）

孩子过了 1 岁后，最好准备 4 段高的架子。但是，一定要注意其稳定性。如果孩子扶着架子准备站起导致架子重心偏移后倒下，那样会十分危险。此外，也要确保抗震性好。

这一阶段，小孩站起来之后目光关注上方，会下意识地想用手扶着东西，这样就会无形中增加危险，因此最好先把其他容易触碰到的物件转移到其他地方。

我们反复提到，要想促进孩子的健康成长，就要提前了解一些基本问题，要为孩子创造良好环境，而不要对其进行随意批评。

孩子视线达到架子的2—3段高时，2—3段就相当于第三至位置。因此，一定要为孩子准备数量较少的符合这一阶段需求的教具。

下图中的架子大概70厘米高，每段都没有隔开。每排正好放两套教具，方便孩子自己拿取。

1—2岁的孩子还处在秩序敏感期。在架子内壁贴上与场所相

符合的图片，也会激发孩子的兴趣。

很多第一次带着孩子来我工作室的父母，都会看到工作室里孩子们活动的情形，并为他们的自立能力感到惊讶。

实际上，只要为孩子们提供让他们自立的环境，他们就会把东西收拾得干干净净。

因此，各位家长一定要看看自己家的环境是否符合孩子"自己搬出，自己收拾"的条件。

促进孩子自立的"托盘"

在蒙台梭利教育中，托盘与架子发挥了几乎同样的作用。

有托盘的话，孩子一个人就能打理

如果孩子想把自己选择的教具搬到桌子上，就得选用尺寸和重量合理的托盘。一般来说，木质托盘拿起来比较方便。为了防滑起见，也可以提前给托盘贴上适当大小的防滑胶片。

孩子会走路之后，一般比较喜欢拿着东西走。这样的话，在托盘上放点东西让他们端着走，也是展示他们魅力的时候。

首先，大人要做表率

要想培养孩子的整理能力，最关键的一点就是大人要在相同的点做相同的表率。有些家长，其邋遢程度有时候也会令人匪夷所思。

要想让处在"秩序敏感期"的孩子不断认识遵守秩序的重要性，家长首先要知道"只有上梁正，下梁才能正"的道理。

对玩具的断舍离

随着孩子的成长，虽然说不上每月，但是至少每个季度都要进行环境的调整。如果孩子的玩具堆积如山，他们就无法自我选择。对此，一定要及时替换那些已经过时的、简单的玩具。与之相对，就要准备有助于孩子下一阶段成长所需的东西。

keyword
19

蒙台梭利教育的根本：
桌子和椅子

　　孩子 1 岁半时，就应该准备高度适中的小桌子了。有人会问："这是打算让孩子学习吗？"其实在蒙台梭利教育看来，为小孩准备桌子，是让他们更好地"工作"。

　　100 多年前，家长认为刚出生的孩子什么都不懂，什么都不会，只要听大人的话就好。因此，当时并没有孩子专用的家具。

　　但是，玛利娅·蒙台梭利认为，"孩子具有自己的意志和能力，他们不会做，是因为还不懂得方法，周围的物理环境还不具备。"

　　为了证明这一点，她设立了"儿童之家"。桌、椅、架子、厕所、洗漱台等，都为孩子量身打造。

　　其结果就是，孩子开始自发地活动起来。当时，人们为之一惊，觉得这是"新式儿童的诞生"，并引得世界各地的研究者纷至沓来。其实，这一切都和适应孩子身高的桌子有关。

　　只要环境具备，孩子就可以自发活动。因此，各位家长要好好归置自己的环境，这也是促进孩子自我发挥的开始。

　　最重要的环境，就是我们前面提到的架子、桌子和椅子。来我工作室的家长们，往往会惊叹于这里的孩子会自己选架子，会用托盘将东西搬到自己的桌子上，然后坐在凳子上默默地做事。对此，很多家长都会惊诧地感叹，"我们家孩子竟然会坐在椅子上"。

这并不是强制性地让孩子坐在那里，而是当他们觉得自己想做的事还是坐下方便的时候，就会自然去坐。因此，关键还是环境条件。

准备什么样的桌子比较合适

0—3 岁的孩子使用的桌子高度大约 40—45 厘米，椅子的高度大概 20—25 厘米。

椅子的高度，以孩子坐起来脚部着地为佳。

如果脚部悬空，就只能将肘部放在桌子上以取得平衡，从而

桌子高 40—45 厘米，椅子高 20—25 厘米，脚部着地

导致背部前倾。这时候，倒不用切掉椅子腿，只要给孩子脚部垫上垫子即可，就相当于让孩子脚部着地。

选择椅子的风格

桌子的颜色以白色等淡色调为主，或者直接保留原木的颜色。有的家长可能会担心这样容易被弄脏，实际上脏了容易发现才是最重要的。

如果孩子用蜡笔在上面画画了，就很容易被发现；如果洒了水，也很容易看到。这样的话，如果在某些做法上操作不当，不用大人指出，孩子自己就能发现。因此，最好不要选择那些花里胡哨的风格。

最好面壁放置

我建议将桌子面壁放置。这样，孩子做事的时候可以集中精力，也不会被父母打扰。

孩子上了幼儿园之后，大部分时间都是和小朋友一起玩，自己独处的时间就会很少。因此在自己家里的时候，就需要一个人独处的环境。依靠自己的意志坐在桌子旁学习，这也是自我独立的第一步。

"吃饭"用的桌子

吃饭用的桌子，也要随着孩子的成长而调整。

❶ 断奶之后

从哺乳到断奶，就相当于从和妈妈密切接触的状态变得逐渐疏离，"吃饭"就会发生巨大变化。不过，这时候他们还没法单独吃饭，因此需要专用的桌椅。如果桌椅不是组合装，孩子脚一蹬桌子，就容易把自己摔翻。此外，要防止孩子滑落，最好在孩子坐到他们的专用椅子上后，给他们系上安全带。

❷ 当自己会吃饭的时候

这时候，尽可能地和大家围坐在一起吃饭。看到周围的大人用筷子、勺子往嘴里送东西，或者听听他们的交流，也会对孩子成长有帮助。

尽量不要让孩子一个人先吃饭。即使是小孩，也要让他们感受到自己是家庭的一员。

如果有那种可调高的椅子，就可以用得久一些。不过，要确保孩子的脚部不悬空，最好调整到脚底可以踩实。

蒙台梭利教师的绝招：
"提供" 与 "3 个一"

房间环境收拾妥当，玩具制作完成，那这些条件怎么才能更好地服务孩子呢？在我看来，如何让孩子与环境良好结合，则是父母的重责。

蒙台梭利教育将这样的作业叫作"提供"或者"提示"。简而言之，就是将教具、玩具的使用方式演示给孩子看。好不容易带着某种目的制作好了教具，如果不教给孩子使用方法，那岂不是荒唐透顶？要知道，让孩子自由使用和教会孩子使用是两回事。要想发挥教具的真正作用，那么教具在孩子面前的首次亮相就至关重要。

这里的关键，就是让孩子觉得自己可以一个人操作完成，这和父母说一大堆道理告诉孩子如何去做完全不同。

❶ 引导孩子

比如，妈妈问孩子"和妈妈一起玩怎么样？"

对于这个问题，要知道孩子具有独立的人格，因此他们玩不玩，听听孩子的意见属于情理之中。有时候，孩子就会回答说"不，我不玩"。对此，家长不要刨根问底，只要告诉孩子"好的，我们下次再玩"就好。这样的话，就算孩子第一次拒绝，但是以后可能还会再主动提出这方面的兴趣。

❷ 告诉教具的玩法

比如，家长可以提前告诉孩子"这叫牙签穿瓶盖游戏，这个会一直放在架子上面"。

刚开始就清楚地告诉孩子教具的玩法和放置的地方。只有孩子了解了情况，他们收拾起来才方便。如果在架子贴上相应的照片，引导孩子自己玩耍就更好了。

❸ 搬运到活动的地方

告诉孩子"牙签穿瓶盖游戏要在桌子上玩，所以得先把东西搬到桌子上"，然后再提醒孩子"托盘要双手拿稳"。

告诉孩子在哪里玩，下次不需要父母提醒，孩子就会自己开始。不仅如此，由于告诉了孩子该玩的地方，他们就会注意不去架子或者地上，而是在桌上玩耍。此外，让孩子看到正确的拿托盘方式，孩子再自己拿的话，就不那么容易失败了。

❹ 坐在孩子灵活的那只手旁边而不是对面

这一点十分关键。给孩子演示玩法时，如果家长不是坐在孩子灵活使用的那只手旁边，那么孩子就没法看清一些细微的动作，家长的手背可能会成为孩子观察的障碍物。

蒙台梭利教育"提供"的 4 个注意点

1 引导孩子

妈妈问："和妈妈一起玩游戏好不好？"

☑ 当孩子回答"不"或者"不想玩"的时候，就不要强迫孩子去做。

2 告诉教具的玩法

家长说："这是串珠游戏，玩具都放在架子上了。"

☑ 告诉孩子游戏的内容，也顺便展示教具摆放的位置。这样的话，孩子玩后收拾也会比较方便。

3 搬运到活动的地方

家长说："串珠游戏是要在桌子上玩的，你要先把玩具搬过去。"

☑ 这里的关键，要清楚地告诉孩子应该在哪里玩。

4 坐在孩子灵活的那只手旁边而不是对面

☑ 让孩子看自己演示，如果不是坐在孩子灵活使用的那只手（一般是右手）旁边，孩子就没法清晰看见。

教育孩子成长的"3个一"

❶ 看一看

孩子是模仿的天才。因此，最好的教育方式就是由家长演示，然后告诉孩子"看看妈妈怎么做"。这里应该注意的地方是要"慢慢做"，也就是给孩子呈现一种"慢镜头"。据说小孩的行动速度只有大人的八分之一，所以说，如果家长按照自己的节奏演示，那么孩子根本就跟不上。

对此，让孩子看就要看得清楚明白，因为孩子还不能同时开启"看"和"动"两种机能，家长在演示的时候就要"慢得彻底"，要"动手的时候不说话"，或者"说话的时候不动手"。这一点尤为关键。

❷ 等一等

家长演示给孩子看的时候，孩子可能会中途说"快点"。对此，家长应该告诉孩子"等一等"，然后依计划让孩子看完。在等的时候，孩子的心中可能会有一种强烈的想自己动手的冲动。（让孩子等一等非常重要，但也很难。）

❸ 再看一遍

很多时候，事情无法一次顺利完成。这时，家长如果对孩子说"不行不行，应该这样，应该那样"等否定的话，就会伤害孩子的自尊心，让孩子觉得"我自己一个人真的做不了"。

那么，怎么做才好呢？

正确的做法是家长再演示一遍给孩子看。特别是孩子理解起来比较模糊的部分，要慢慢地让孩子看。

演示完后

一切演示完后，家长要告诉孩子："你是最棒的，要不要自己试试呢？"这时候到底试不试，由孩子自己选择即可。

如果孩子说"不试"，那么家长只要微笑地告诉孩子"好的，下次再玩"就可以。

也许，当时孩子还没有想试一试的心情，这还不符合他们尝试的时机。

我们这些从事蒙台梭利教育的教师，练习了数百次这种"提供"路径，然后才落实到实践。各位家长做起来可能不会那么到位，但是只要在日常生活中有意识地注意和孩子交流的方式，那么和孩子的相处必然就会更加融洽。

反复练习＝"集中现象"吗？

怎么做才符合孩子的成长需求？我想其标志就是"不断反复"。做完之后，不妨说"再来一次"，机会可能就会再来。

不过，孩子对完成的作品没有什么兴趣，反而对那些充满谜题的东西兴致勃勃。于是乎经过多次尝试，他们会变得非常娴熟。有时候，他们甚至会在将近1个小时内集中精力做一件事情。

这就是蒙台梭利教育所说的"集中现象"。我觉得，包括我在内的蒙台梭利教师的最大目的，就是能最大程度地在孩子的"不断反复"中发挥帮助作用。我们可以认真地看着孩子，看着他们在活动中学到了这个、做完了那个时单纯快乐的表情，这才是油然而生的自我肯定。

象棋选手藤井聪太在蒙台梭利幼儿园就读期间，就日复一日反复做小包，据说做了100多个。他现在无与伦比的集中力，就是那时产生并延续下来的。

还有一件事。

比如，"那个已经玩过多少次了，来玩新的吧"，或者"很有趣呀，来和爸爸一起玩吧"，这样的说法，都是打扰孩子集中精力的典型说法。

如果孩子集中精力做一件事情，那么尽可能地不要打扰他们，只要静静地守候就好。这才是提升育儿能力的关键之一。

成长清单

- ☐ 父母的责任，就是让环境与孩子更好地契合。
- ☐ 不要忘记"3 个一"，助力孩子自食其力。
- ☐ "反复练习"会带来更多成长的机会。

Chapter **4**

2—3 岁孩子的养育方式

走向自律

可怕的 2 岁小孩的
叛逆期

不知道大家有没有听过"可怕的 2 岁小孩"这种说法？

英语表达是"the terrible twos"，意思是 2 岁的小孩，往往令父母不知所措。

孩子过了 2 岁，能够开始比较自由地说话表达。遇到不喜欢吃的就会扔掉，遇到不高兴的事可能倒地哭泣，这就是所谓的"叛逆期"。

每个小孩叛逆期的表现各不相同，但无论是谁，或多或少都会出现这样的问题。

如果家长能够提前了解这一时期孩子的特点，那么当自己孩子表现出叛逆的状况时，就会冷静地处理了。

孩子大哭的 3 种原因

许多家长刚开始带孩子时，有很多问题都弄不清楚。看到孩子大哭，会不知所措。对此，不妨先从以下 3 个原因分析：

❶ 想要某个东西时大哭。

❷ 秩序混乱时大哭。

❸ 源于"叛逆期"的哭泣。

下面，我们稍作说明。

❶ 想要某个东西时大哭

孩子大哭的时候，首先应该考虑的就是他们是否想要某个东西。前面提到"运动敏感期"的时候，孩子最喜欢做一些看似奇奇怪怪的活动，完成所谓"神灵的安排"。

当孩子熟练了某项活动，多巴胺就会分泌更多，也就会感受到更多幸福感。因此不管什么原因，大人如果中途将其打断，或者没收了他们的玩具会怎么样呢？我想，当然会引起孩子的反抗。

对于孩子的执着表现，家长要知道这是他们能力的扩展，因此更要心怀关爱，好好守护他们。当孩子需要帮助的时候，家长要敢于表达，伸出援助之手。

❷ 秩序混乱时大哭

如前所述，对世界一无所知的刚刚出生的婴儿，会不断感知并理解世间的秩序。这就好比是照相，在无意识之时瞬间就形成记忆，即"无意识记忆"。这是一种强大的能力。

孩子吸收了像图像一样固定的东西，如果地方、顺序发生了变化，他们就会感到混乱，因此会产生不愉快。对大人来说最难理解的"秩序敏感期"，最关键的 3 个词就是顺序、习惯、场所。

（1）对顺序的执着

很多孩子都会对每天生活的顺序带有强烈的执着感。比如换衣服，一般都是从袜子开始，从右脚开始。如果突然从左脚开始，他们就会感觉不自在。由于"运动敏感期"的到来，家长更要多加关注。不过，孩子对顺序的执着，会在将来"自己判断，然后自己决定顺序，安排步骤"之后，形成自我选择这一新的能力。但是不管如何，都要尊重他们对秩序的把握。

（2）对习惯的执着

比如，每天都习惯于靠人行道的右侧行走，从墙洞窥看院子里的小狗，从桥上看水里的鱼儿。但是，今天因为急事突然被带着走了近道，或者看小狗的时候，却发现它躺到了道路边一动也不动，孩子就可能会因此大哭。

大人会觉得"每天都重复，今天调整一下岂不更好"。

但是，孩子会觉得"每天都重复，一定要固定"。这就是孩子对习惯的执着。

作为父母，要在平日里观察自己的孩子有哪些习惯，然后尽可能地尊重孩子。也许这样比较麻烦，但是对建立良好的亲子关系却非常关键。如果有特殊情况需要变更孩子的"习惯"，一定要注意方式。

（3）对场所的执念

处在"秩序敏感期"的孩子，对"场所"也有一种强烈的执念。比如家里的饭桌，孩子会确定这是爸爸的位子，那个是妈妈的位子。如果某一次位置改变，或者让客人坐到了孩子的位置上，孩子就会"表示不满"。这时候，家长就应该和孩子商量说"这是你的位子，但是让给客人怎么样"。

大家需要知道的是，孩子对场所的执念程度，大概是大人的数十倍。搬家或者进行大规模的布局调整时，一定要多加注意，因为这样可能会引发孩子内心的不安。

❸ 源于"叛逆期"的哭泣

孩子在2岁前后进入叛逆期。对此，家长千万不要以为是孩子任性便随意呵斥。

首先，家长应该理解孩子叛逆期的真正缘由是什么。要知道，这一时期，孩子的身体已经会按照自己的思想行动，他们的意见可以通过语言进行表述。

这时，孩子想试试自己的表达会达到怎样的效果，并没有什么感情因素，然后再判断"这种程度可以，那种程度不行"。对此，家长应该像交警指挥交通一样冷静处之。

孩子想表达自己的想法，当说不清楚的时候，就会变得焦急。这种情况下，家长细心观察就会发现，"原来如此，孩子是不想穿这双鞋子"，或者"孩子想自己穿，不想爸妈帮忙"。

与 2 岁的孩子相处，要让孩子"选择"

在"二选一"的时候，就应该让孩子做出选择。比如买鞋，可以问孩子"这双鞋好，还是那双鞋好"，这样孩子就能感受到自己的意愿得到尊重。

要想与 2 岁的孩子和睦相处，建立良好的家庭氛围，最好的办法就是在平淡的日常生活中让孩子自己选择。通过自己选择，孩子才能感受到自己的思考受到了尊重。

"叛逆"也是一种特殊的意志表达

这一时期可能会经常听到孩子说"不"。这一时期的孩子说"不"是一种本能，并没有什么特别的意思。其实，孩子是想通过说"不"，来表达自己特殊的意志而已。

　　不管怎么样，叛逆期有开始，也必然有结束，家长只要冷静处理，然后静待结束就可以了。

成长清单

　　不知道孩子为什么会大哭，一般而言有 3 个原因：

- ☐ 想要某个东西。
- ☐ 秩序混乱。
- ☐ 突然进入"叛逆期"。

集体生活：
为孩子上幼儿园做准备

对小孩来说，去托儿所或者幼儿园并不是障碍，而是他们成长的机会。托儿所里有刚出生不久的婴儿，他们可以在未知的环境中学会适应。

但是，对于上幼儿园之前的2—3岁的孩子，家长一定要做好相应的准备，了解相关事项，并且最好和孩子一起，做好以下5件事：

1 母子分离。

2 学会自己上厕所。

3 学会自己换衣、脱鞋。

4 学会自己扣扣子、拉拉链。

5 学会自己吃盒饭。

当然，这并不是说孩子不会做这些，就不能去幼儿园。但是，幼儿园毕竟是集体生活的开始，如果一个人可以自理，就会体验到集体生活的快乐。

所以，一定要一步一步地让孩子独立起来。

从"母子分离"开始

第一次离开妈妈时，没有不哭的孩子。如果孩子无法通过哭泣获得妈妈的关爱和照顾，那么就无法在自然界生存。即便是在家里，很多2岁之前的孩子一会儿看不到妈妈，就会大哭不止。这一年龄段的孩子，当他们眼前的东西消失后，就会思考其消失的理由。

比如，硬币从眼前消失，掉入储蓄箱，然后发出"当"的一声。

当孩子打开盖子之后，却发现消失的硬币又出现在眼前。孩子会对此深感惊讶，并多次尝试进行确认。之后，孩子就会明白眼前暂时消失的东西，只要打开箱子盖之后依然存在。这样，他们就明白了"物的永恒性"的道理。

与之相同，父母要让孩子知道他们和妈妈说了"再见"后，还会与妈妈再见。

母子分离的阶段

母子分离分为几个阶段，要与孩子多次互动才能适应。

第一，认真地告诉孩子"妈妈出去买东西，等着妈妈"，然后再离开的做法是必要的。如果一言不发就离开，只会给孩子留下恐怖的心理阴影，反而起到相反的作用。

第二，妈妈离开之后，即使孩子哭泣，身边的人也一定要好好告诉孩子"妈妈买东西去了，一定会回来的，我们一起等妈妈"。

第三，如果孩子习惯了妈妈30分钟或1小时后回来，那么就知道妈妈即使出去，也会回到自己身边。要重复这样的体验，让孩子加深印象。

最重要的是妈妈要离开孩子

母子分离的时候，妈妈们一般都会觉得伤心难受，甚至做出一些没必要的折腾。妈妈们表现出的那种"生离死别"的样子，反而会让孩子更加不安。在潜意识中，母性会让妈妈们觉得"这个孩子没我不行"。

在看到追过来哭泣的孩子，妈妈们心中都会产生一种"看来，孩子还是离不开我"的依依不舍。

这样的心情我能理解，但让孩子自立才是首要目的。因此，妈妈们还是要冷静下来，心怀关爱地告诉孩子"妈妈去买东西，你要好好等待，等妈妈就是在给妈妈帮忙"。这样，既饱含了感情，也传达了意愿。回来之后，再告诉孩子一个事实："谢谢啦，宝贝等妈妈，所以妈妈才能出去买东西。"

或早或晚，母子都要分开。对孩子来说，这是自己独立成长和自我肯定的本源体验。因此，妈妈们一定要尽可能地给予孩子关怀，让孩子勇敢地迈过这道坎。

有必要让孩子上早教班吗？

"读幼儿园之前，是不是应该给孩子报个早教班？"这是近来我被问到的最多的问题。我的结论是，这个绝非完全必要。

2岁的孩子还处在对自己感兴趣的年龄，很多孩子还不希望加入团体生活。如果父母想让孩子"一个人自己成长，并在此过程中增加接触集体的机会"，那么考虑报名早教班，倒也无妨。

但是，对于出生早（一般为4月1日以前出生）的孩子，刚刚2岁就强制他们进入集体生活，这也是需要家长慎重考虑的。

蒙台梭利幼儿园中0—3岁的孩子

蒙台梭利教育有儿童之家、幼儿园等机构，专门为3岁前的孩子开设。这并不是换了一种形式的早教班，而是注重守护孩子个体成长的教育模式，同时也可以为父母了解孩子成长提供更多机会。

keyword
23

父母应提前知道如何让孩子
学习上厕所

孩子学习上厕所，最主要的是考验父母的耐心。

也就是说，想让孩子学会独立，关键是父母要做好耐心地守护。

大家不妨想一下，除了病患、老年人之外，你周围的成年人还有没有用尿布的？你还记不记得自己是几岁几个月的时候不再使用尿布的？

如果认为"什么时候不再用尿布之类的事和人生、人格完全没有关系"，或者觉得"越早不用越好"，这些想法都是错误的。

另外，练习上厕所其实会对孩子的心理带来巨大影响。如果父母总是催孩子"快点快点"，就会让孩子排泄的时候充满担心甚至恐惧，会给孩子带来巨大伤害。

心理学家弗洛伊德认为，幼儿时期的排泄感受，会对长大之后的性行为产生影响。蒙台梭利教育所提倡的独立上厕所练习，是以增加孩子的自我肯定感为目的。

练习上厕所难在哪里？

首先，要从"为什么孩子不能按照自己的思维排泄"来理解这个问题。

我们大人一般情况下不用过于思考而进行的诸如"先忍一忍，然后再找地方去厕所"的做法，对孩子来说是十分复杂困难的行为。第一步，就是要理解这方面的困难。

1 小便欲是因为感知到膀胱饱和。

2 松弛膀胱肌可以再储备尿液。

3 同时，紧缩膀胱口的肌肉，防止尿液排出。

4 大脑会指挥你找到适当的场所。

5 其间，膀胱肌收缩。

6 找到厕所后，膀胱口的肌肉放松，排泄。

7 腹部肌肉收缩，促进排泄。

这些对大人来说自然而然的行为，对孩子来说却过于复杂，特别是膀胱肌放松、尿道口排泄这样同时进行的两种肌肉控制。

如果身体还不具备条件就让孩子练习，也不会有什么意义。

第一步　什么时候练习上厕所

首先，从换尿布这一习惯来改变。

此前，我们已经讲过"秩序"对孩子的重要性。"同样的场所，同样的顺序"这一秩序对孩子来说才有安心感。孩子以秩序为线索，然后开始理解这个世界。

对刚刚出生的孩子来说，"排泄练习"这一秩序他们还没有经历。为了建构这一秩序，就需要从"自己学会走路，然后尝试换尿布时顺便上厕所"开始。这样一来，孩子就会产生"啊，想撒尿的时候就要去厕所"这样的秩序感。

那么，什么时候开始练习比较好呢？我觉得应该从以下三方面加以关注：

❶ 会走路之后

首先，要有能力走到厕所，这是大原则。当然，这时候还在使用尿布也没关系。在去厕所之前，父母先让孩子"站好"，给孩子换下尿布；然后告诉孩子："新的尿布在这里，换下的尿布脏了，要放到这里。"这样，就相当于给孩子建构秩序。去了厕所之后，孩子能否自己脱裤子或穿裤子，是他们身体发育的有力证明。

❷ 排泄间隔在 30 分钟到 1 小时以上

　　这只是一个大致时间。膀胱存储尿液是膀胱功能的重要特征，虽然每个人都有差异，但是一定要了解自家孩子是处在哪一个时间段。

❸ 注意大小便前兆

　　每个孩子的表现可能不尽相同，但总体来说，小便前一般都忸忸怩怩，大便前一般都憋气用劲。看到这些情况，家长就要问孩子"是不是想去厕所"，然后让孩子按照自己的节奏去完成。即便有些来不及，也要尽量鼓励孩子自己到厕所去。也可以告诉小孩："自己去上厕所呀，妈妈来教你。"

　　蒙台梭利教育的原则就是"尽可能让孩子独立完成，给孩子最小限度的帮助"。

　　那么，家长能提供的最小限度的帮助是什么呢？那就是创造环境和条件，让孩子自食其力。这样的话，就进入了第二步。

第二步　准备好条件

　　如前所述，蒙台梭利教育最大的原则就是尽可能将事情交给孩子去做，只对孩子做不了的地方提供尽可能小的帮助。

要想孩子自食其力，就必须提供最小的帮助，以具备必要的条件。

比如，孩子想自己上厕所，却没法自己脱裤子，这时候就需要帮孩子一把。或者对孩子来说，厕所还太高，自己当然方便不了。

自己家的环境怎么样？对此，要站在孩子的视野上去发现问题，看看家里的条件能否满足孩子靠自己就可以。比如：

❶ 孩子是否能打开厕所门

练习上厕所的关键之一，就是能打开厕所门。

❷ 坐便器高度是否合适

对孩子来说，坐便器一般都比较高，因此可以放一个"踏台"，旁边有扶手最好。

❸ 坐便器大小是否合适

坐便器对孩子来说都比较大，因此最好安装一个合适孩子的内圈。

做一个踏台，
让孩子一个人就能上厕所

❹ 如果选择携带型坐便器

孩子用的携带型坐便器，可以放在厕所马桶旁边，尽量不要放在客厅。

❺ 干净内衣裤和脏内衣裤

把干净的内衣裤和脏内衣裤放在孩子自己可以取放的地方。

❻ 自己能搞定的"服装"

这一年龄段的孩子，最好不要给他们选择穿不上又脱不下的衣服。比如屁股后面有扣子的衣裤，小孩很难脱下来。像那种衣裤分开的，孩子自己就容易穿脱。总而言之，相比款式风格，还是以小孩自己能穿能脱为首选。

此外非常关键的是，厕所一定要明亮，最好能够吸引小朋友的注意。当然，这不仅仅是照明问题，因为妈妈不在时，黑暗狭窄的地方会让孩子感到害怕。

如果孩子因害怕不小心拉到裤子上，父母责备孩子，孩子哭个不停，这种模式反复上演，只会导致孩子对黑暗的厕所充满恐惧。

所以，厕所照明要亮，门也不一定要关上，孩子上厕所前告诉他们"妈妈在等着，也在看着呢"。

第三步 自己选择

有了体力条件，"环境"方面如果具备就可以马上实践。不过需要注意的是，一定要让孩子选择。

比如，可以问孩子今天是换尿布还是换内裤。让孩子自己换内裤，是练习上厕所的关键，这也是"让孩子自己选，自己完成"，进而让孩子产生自我肯定的源泉。

第四步 一天练习一次，也要注意休息

如果孩子每天失败好几次，每次都被责骂，这样他们当然不会产生自我肯定。每天练习一次，先从换穿内裤开始。即使孩子失败了，也要鼓励他们明天继续努力。这样的亲子关系，才不会产生压力。

如果连续四五天都有问题，那么就要思考时机是否合适，然后过几周再练习。

≽ 成长清单

- ☐ 要知道为什么孩子大小便不能自理。
- ☐ 首先要让孩子养成在厕所换尿布的习惯。
- ☐ 要把握孩子练习上厕所的时机。
- ☐ 要为孩子提供自己上厕所的条件，比如踏台、坐便器内圈、相关衣裤等。
- ☐ 是否脱离尿布穿内裤，要让孩子自己决定。

keyword
24

自食其力的小窍门：
换衣服，学扣扣子

在上幼儿园之前，父母要让孩子自己学会换衣服。对此，需要注意几个问题。

父母必须提前知道"对孩子来说，做哪些事还比较困难"。只要了解了其中的关键点，就会深感"原来如此，真是不可思议"，后来再做才会顺利。

首先，应该为孩子准备袖子比较宽的、容易穿上去的宽松衣服。

父母甚至可以为自己准备同样风格的衣服，然后边穿边让孩子看，就像做游戏一样，共同体验快乐。

当然，这个练习不要放在忙碌的早上，而应放在休息日等空闲时间。

穿衣关键在找袖筒

① 练习前，先准备好材质顺滑、稍微宽大一点的长袖运动型衣服。

② 如果是站着，可能不知道胳膊往哪个袖筒里放，所以最好把衣服摆在位置较低的桌子上。

③ 将衣服在桌子上放平之后，按照胳膊的反方向塞进袖筒。

④ 抬起胳膊，放进去。

⑤ 对于容易穿反袖子的孩子来说，这确实比较难，因为刚开始他们找不到正确的袖筒，这时候就需要大人抬起袖子，帮忙穿上。

脱衣关键在脱袖子

1 首先把要脱的那一侧肩膀露出来。

> **要点**

2 手往后伸，抓住要脱掉的那个袖口，然后往下拉。

3 抓好双袖，拿到前面。

系扣与解扣的注意点

和穿衣脱衣相联系的，还有扣子。系扣子比较麻烦，理由有二：

❶ 必须是左手和右手同时动作。

❷ 这个步骤是在穿上衣服后，在自己的上半身进行。

要克服这里的难点，并不是先穿上衣服后再扣，而是为了练习，把衣服放在桌子上，然后慢慢进行。这样的话，只要慢慢完成困难部分就可以了，这就是蒙台梭利教育所说的"把困难孤立起来"。

适合练习的衣服

· 扣子比较大，一排有几个（容易用手捏住，可以多次练习）。

· 首选扣眼是纵向的衣服。

· 扣眼比较宽大。

按照右图制作类似教具，则比较理想。

理想的手工扣子

解扣的方法

❶ 左手向上，捏住右布。

❷ 右手捏扣子向右引。

❸ 扣子穿过扣洞。

❹ 用左手捏住穿过的扣子。

❺ 右手捏好右布。

❻ 扣子就打开了。

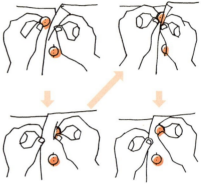

每个动作都要慢慢给孩子演示，这不仅
容易让孩子理解，还能体现动作的魅力

系扣的方法

❶ 右手向上捏右布。

❷ 左手捏扣子。

❸ 用右手捏穿出来的扣子。

❹ 左手捏右布。

❺ 完成。

可以在桌子上进行反复练习，也可以穿上衣服之后再行挑战。

成长清单

☐ 孩子做起来比较难的事，父母要提供帮助。

☐ 系扣、解扣可以放在桌子上练习。

☐ 这样的练习应该放在休息日等空闲时间进行，可以体验
其中的快乐。

142

keyword 25

在家里获取营养：
学会自己吃饭

对孩子来说，自己吃盒饭也是自立的第一步。孩子出生后很长时间，基本都处于喂食阶段，但是到了这个年龄，就要做好准备，让他们学会自己吃饭，饭后自己收拾。

自己会吃最重要，营养平衡第二位

从餐盒的选择到菜品的选定，父母必然会思考一番，但是最应该优先考虑的问题是"如何才能让孩子自己打开盒盖，自己吃，自己收拾"。

❶ 早期的铝制饭盒，或者用橡皮筋系得比较松的盒子。

❷ 里面叉、汤勺各带一个。

❸ 布制汤勺套一个，要宽大一些，勺子容易拿出来。

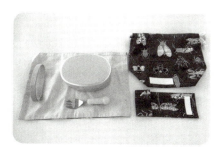

❹ 小型餐具垫。

5 带拉绳的小口袋。

6 水壶（孩子自己能打开，能关上）。

最近流行的带花样纹饰包装的餐盒中，汤勺、筷子、叉子等一应俱全，但是 2 岁的孩子一般都打不开。

我建议选用早些年常用的铝制餐盒，里面放着几个能一口吃下的小饭团。饭团的大小应该能让孩子一口吃下，太大的话就吃不下，容易噎着。配菜的话，应该以德式香肠那种用叉子吃起来方便的菜品为主。

需要注意的是，这一年龄段的孩子还不能熟练使用汤勺，饭碗里最好盛炒饭之类的食物。当然，这样的话可能会吃得比较慢，吃时也容易洒在地上，这就需要大人多注意了。

饭食的营养平衡可以不断调整，但最重要的是让孩子一个人完成整个吃饭过程，不断积累"成功体验"。

杯子

孩子用的水壶多种多样，但也应该以确保孩子能独立使用为第一选择标准。可爱的宝宝杯勉强可用，但是孩子毕竟还没有足够的力气打开或者扣上杯盖，有可能会导致杯中的水漏出来。即便把瓶盖换成玻璃的也不行，失败的可能性仍然很高。

这种单触式杯子，一按就能开闭，
而且还带吸管，用起来就很方便

要用力拧动才能开盖，这样往里倒
水就不容易

所以，刚开始最好让孩子用单触式杯子，只要按一下开关就能打开盖子，按下盖子就能关上，非常方便。

在食物袋上把孩子的名字写大点

我觉得这是理所应当的做法，但是每次我都要给来我工作室的宝妈说好几遍。

妈妈觉得孩子的"物品"，自己应该再也熟悉不过，但是幼儿园里的老师就未必能立即辨认出了。有时候我强调"请在孩子的食物袋上写上孩子的名字"时，宝妈会告诉我说"已经写好了"。我一看，原来是写在袋里，而且写得很小。为了以防万一，还是要写在袋外，而且要写大一点。

快乐练习

如果食物的配套餐具等物品都准备好了，那么就可以先在自己家练习使用。刚开始，先不要在餐盒里装东西。

① 打开带拉绳的小口袋（不要用带蝴蝶结的，选择一拉就系上的款式）。

② 取出餐具垫，垫好。

③ 取出餐盒，抽下皮筋。

④ 自己打开。

⑤ 取出叉、汤勺。

⑥ 吃饭前说"我要开吃了"。

⑦ 吃完饭说"我吃完了"。

⑧ 关于餐具垫的叠法，家长要演示给孩子看。

⑨ 如果孩子逐渐熟练，可以慢慢在食盒里装上吃的，让孩子带出去。

使用汤勺的 3 个阶段

注意观察孩子拿汤勺的方法，就会看到孩子吃饭技巧逐渐熟练的过程。家长千万不要错过了解孩子自我提升的机会。

① **手掌握勺**

　　用整个手掌握住勺子，这是拿勺子的第一阶段。

② **手指拿勺**

　　用拇指顶住勺柄上部。这种方法熟练之后，会过渡到第三种方式。但也有可能因为不熟练，一直停留在这一阶段。

③ **握笔式拿勺**

　　用大拇指、食指和中指握勺。这种握法熟练之后，孩子就可以拿筷子了。

成长清单

☐ 刚开始的餐盒及相关用具的选用，要优先考虑孩子能否独立打开，独立收拾。

☐ 相比吃得营养，首先要考虑孩子能独立吃完食物。

☐ 餐盒及相关用具准备好后，可以先用空盒子来快乐练习。

147

keyword
26

训练孩子掌握
生存技能

孩子过了 2 岁之后，不仅走路变稳，甚至跑起来也不在话下。此外，他们还会活动手指，掌握基本的动作。在说话方面也会活跃起来，并以此表达自己的想法。

这一阶段的孩子，掌握了"人之所以为人"的三大要素，可以直立行走，用手使用工具，用语言表达自己，而且一切行为都开始变得灵活自如起来。

这三大要素可以有效地激发他们的运动能力。因此，这一阶段也是开始其日常生活方面实践练习的最佳时期。

对此，家长要适应孩子的发展需求，调整房间的布置，更换玩具的类型。

生存技能的 5 个练习方向

❶ 掌握基本运动

在 2 岁左右的时候，孩子应该掌握抓、刺、捏、拉、放等基本动作。

❷ 关注外在环境

这一时期，孩子会开始客观地发现自己，同时关注自己以外的存在，对人类以外的生物以及自己所处的环境表现出兴趣。比如，他们会照顾小动物、收拾房间、给父母帮忙等，对自己以外的人或物，产生一种提供帮助的欲望。

❸ 关注自身

"自己的事情自己做"的愿望变得更加强烈。因此，这也是让孩子自己学习刷牙、洗脸、洗澡、换衣服，进而掌握基本生活习惯的最佳时期。

❹ 社交活动

在意识到集体存在的同时，也开始关注其中的礼仪和规则。比如，他们会学习问候，模仿大人的行为，以此来了解社交方式。

❺ 调整运动

如果说此前的运动主要体现的只是动作本身，那么2岁左右开始，他们的相关动作就会开始进入自我控制和调整阶段。也就是说，他们会通过练习让动作更加熟练，走路更加稳健，拿东西更加安全，这就相当于进入了"自我控制并且自律"的阶段。

引导孩子做家务

上述日常生活方面的练习，会让孩子具备享用一生的能力。对此，父母要做好守护工作，在必要的时候给予孩子帮助。

最简单最有效的办法，就是引导孩子参与所有家务。这一阶段，孩子一般都会对爸爸妈妈平日做的家务事充满兴趣，而且还会努力模仿。

起初，可以先从换洗的衣物开始。让孩子学习晾衣，掌握"捏紧夹子取下衣物，放松夹子挂上衣服"的规律，这对孩子的手指训练也大有裨益。

然后，家长要慢慢地认真演示，让孩子学习如何把衣物对折，再对折。孩子是模仿的天才，因此家长的认真演示就显得非常关键。

做好演示就可以

即使孩子现在做不了，家长也要做好演示。比如，妈妈在客厅里的餐桌上准备晚餐，爸爸给自己的鞋子上鞋油，这些都可以让孩子看在眼里，记在心头。

当然，关键还是要做得慢一点，也可以一边做一边解说。比如，爸爸可以告诉孩子"爸爸正在擦皮鞋，这就是鞋刷"。动作

与语言相结合，会起到更好的效
果。如果有相关道具让孩子练习
的话，效果更佳。

活用踏台

　　让孩子参与所有家务，其中
必不可少的工具就是踏台。一定
要选择稳定性好，孩子可以搬动
的踏台。

有踏台的话，孩子就可以
站上去给自己盛饭了

keyword 27

让孩子客观
认识自我

像学穿衣那样，孩子如果能一个人做自己的事，就意味着他们关注自我的开始。

这一时期，正如下图所示，他们会拥有一个"关注自我的角落"。

对此，父母要给孩子准备放置梳子和纸巾的小盒。特别是女孩子，她们往往会学妈妈认真梳头。

当孩子头发凌乱或者流鼻涕的时候，正是让孩子自我练习的好时机。这时，父母不要顺手给他们梳头或者拿纸巾擦鼻涕，而是引导孩子自己先照照镜子。

这样，孩子才能够发现问题，审视自我。

孩子关注自我的小角落

擤鼻涕对孩子来说难吗？

3 岁前的孩子，打完喷嚏却不会擤，因此总是容易出现鼻涕满面的情况。对此，父母应该引导孩子先学会擦鼻涕。

打喷嚏的时候，
两手拿纸巾包好鼻子

❶ 让孩子照镜子，发现自己流鼻涕了。

❷ 大人在旁边演示如何擤鼻涕。

❸ 一般的纸巾对孩子来说比较大，可以分成 2 份或者 4 份。

❹ 让孩子双手拿着撕好的纸巾两端，包住鼻子。

包好鼻子，从上往下滑

❺ 从鼻子上方往下擦。

❻ 包好用过的纸巾，扔进垃圾桶。

❼ 照镜子，确认是否擦干净。

像这样大人做起来轻而易举，但对小孩来说却很有难度的事情不胜枚举。

家长要观察哪些事对孩子来说做起

擦干净后，扔掉纸巾

来困难，然后分析其中原因，最后尽可能自己演示给孩子看，让孩子掌握关键点。

这种擤鼻涕的做法，蒙台梭利就曾亲自给孩子们演示过。据说结束之后，孩子们掌声沸腾。

用嘴呼吸的缺点

如果放任流鼻涕不管，形成习惯，用鼻子呼吸就成了问题，这时候孩子自然会用嘴来呼吸。但是，用嘴呼吸的话，细菌就会直接进入嗓子，从而导致嗓子干痒，很容易引发感冒。

因此，对这一阶段的孩子来说，还是得引导他们用鼻子呼吸。

对其他人或物的关心

对自身有了客观的认识后，孩子就会关注自己以外的人或物。

也就是说，除了自己之外，小孩还会对周围的植物、动物产生兴趣，并愿意照看它们，比如给花浇水、给宠物喂食等。如果每天把类似的事务交给孩子，也会让他们产生责任感。

对周围环境的关心

　　如上所述，对自身有了客观认识之后，孩子也会对周围的环境有所关注。

　　比如，擦完鼻涕的手纸，当然需要找个垃圾箱扔进去。但是，大人对此不必过于夸赞或者拍手称赞。因为一旦如此，孩子只会在受到夸赞之后才去扔手纸，否则就有可能丢在大人看不到的角落里。

　　这一阶段的孩子，会对自己能帮助周围的人感到喜悦。对此，家长要表示"谢谢"，承认孩子"在帮助大家"，并从内心肯定孩子的做法。

　　需要注意的是，不要把孩子只看成孩子，要平等地看待他们，并对等地表达谢意。

在家自律的第一步：
线上步行

keyword
28

　　2 岁左右的孩子走路基本稳定，这时候他们就喜欢在某个高处的窄道上或者路缘石上走来走去。尽管家长会喊"太危险了"，但他们依然我行我素，走得不亦乐乎。

　　处于运动敏感期的孩子，可以通过这样的运动，提升自己走路的稳定性，磨炼自己的平衡感，锻炼自己的自制力。随着行走水平的提高，他们的身体会产生多巴胺，进而让自己感到更加愉悦。如此反复，就会越走越好。

　　对此，即使父母很忙碌，但只要稍微关注并腾出一点时间好好守护他们，就会在育儿方面大有长进。

　　正是看到这一点，蒙台梭利教育专门提出了"线上步行"这一概念。在自己家里画一条白线，小孩就可以在上面实践。

　　可以准备宽度为 2.5 厘米到 5 厘米的白色塑料带，然后将其整齐地贴在自家地板上。刚开始，贴成长度 3 米左右的直线即可。

　　父母可以先做示范，而且示范的时候不要说话，只管认真走就好。走的时候不要看脚底，一边目视前方，一边慢慢地移步；移步期间用一只脚的脚尖紧靠另一只脚的脚后跟，这样可以保持平衡，完成挑战。

这种练习的目的在于静心自律，因此不要将其当成"简单游戏"，要做到认真努力。

正如右图所示，只要房子里有一条线，孩子就可以集中精力好好练习。

直线走熟练后，可以走多条线连成的椭圆，这样能达到加强练习的目的。

通过这一活动，孩子就会控制自己的行为，稳定自己急躁的心绪，逐渐形成自律的好习惯。

所谓自律，就是自己控制自

只要一条线，就能锻炼注意力

己。在蒙台梭利学校，每天来校的孩子首先要在这种线上行走，以此静下心来，然后再投入到各自具体的活动之中。

随着月龄的增长，这样的步行会稍显简单。因此，可以手持旗子，或者在头上放个小布袋来增加难度，进一步促进注意力的培养。

体态律动学教育与蒙台梭利教育

体态律动学是一种结合音乐来培养孩子节奏感的教育。该教育的创始人达尔克罗兹与蒙台梭利之间有过合作，这一点似乎还并不为世人所知。

在音乐界大放异彩的达尔克罗兹与活跃在医学界的蒙台梭利看似属于不同领域，但是他们生活在欧洲的同一时代。作为教育家，他们之间确有交集。

相较于让大人坐下来安静地听音乐，体态律动学教育是针对那些活泼的孩子，让他们跟着音乐的节奏来表现自己，而蒙台梭利教育也非常重视"在动态中让孩子学习"。因此在这一方面，两者有很多共通之处。

如果大家看到过那些接受过体态律动学教育的孩子，就可以发现，对这些孩子来说，自由地绕圈跑非常简单，但是慢慢行动或突然停下却非常困难。

通过体态律动学的学习，内心会被强烈的运动气息所驱动，所以还应该学习一些慢慢活动或者安心静止的内容。

对于体态律动学练就的身体自由律动，则可以转入到以自我意志为导向行动。如此反复，便可以获得真正的自律。

蒙台梭利教育的线上步行和体态律动学侧重的身体表现，在提升孩子的主人公意识方面都卓有成效。但是相比激烈的运动，缓慢的运动或者静止显得更有难度。如果父母能够看到这一点，就会理解孩子的这种训练并不一般。

让孩子快速
适应周围的环境

作为上幼儿园之前的准备，让孩子学着处理好自己周围的事务可以说是最好的练习。这样，能够让孩子了解家庭生活，逐渐自食其力。

处在0—6岁这一运动敏感期的孩子，对各种运动都充满兴趣，同时在模仿大人方面也是乐此不疲。

能否用好这种自然赋予的伟大力量，会直接影响孩子此后几十年的生活习惯。

对此，父母要观察孩子的行为，分析孩子"哪些会做，哪些还不会做"，然后逐渐提升他们"会做"的能力。

比如，孩子开始不会上闹钟，父母可以帮忙上好，但是孩子会按控制铃声的按钮，此时父母可以告诉孩子按完按钮再睡。这样一来，孩子自然而然就会知道要想早起，就得自己设置时间。

有的家长觉得"我帮孩子做会更快捷，更安全，也更完美"，但是父母岂能大包大揽替孩子做所有的事？即使觉得孩子做得慢，也要好好守护，让他们自己做完，这样才会逐步培养孩子的能力，最终使他们走向自立。

从早上起来到晚上休息，相关琐事只有让孩子一个一个自己落实，才能增强他们独立处事的本领。对父母来说，这也是提升育儿技能的关键。

① 早起

每天早上在固定时间起床，这是遵守"秩序"的重要表现。考虑到以后要上幼儿园，就得从吃早餐开始倒推时间，定好起床时间。此外，可以选择自己喜欢的闹铃，由孩子自己上好闹钟，铃声响起就要按时起来。

② 早餐

家里每个人都有自己的生活习惯，但是也可以此为契机调整大人的习惯。比如夫妻双方都是上班族，那么就商定"早餐一起吃"，或者"吃饭时间很宝贵，关掉电视，大家都不要玩手机"。这样，对落实决定好了的事，确实是个好机会。养成良好的早餐习惯和用餐规则，对孩子一生都有着不可忽视的影响。

此外，上幼儿园之前就掌握正确的"规则"，完全可以受用终生。我们不否定每个人都有差异，但是父母应该帮助孩子尽早养成良好的习惯。

③ 换衣

在匆忙的早上，如果只是慌里慌张地指挥孩子如何如何，只会使得亲子关系更加糟糕。对此，最好在休息日等时间比较充裕的时候，按照节奏慢慢练习。此外，父母要勤于观察，了解孩子换衣、穿衣时哪些地方存在困难。

比如，孩子分不清衣服的前后，不会扣纽扣等，对此，父母要给予适当帮助。最好准备两套衣服和鞋子，这样孩子可以有选择的余地，这对处在"叛逆期"的孩子尤为必要。

❹ 洗澡

洗澡也会对孩子以后的习惯养成产生很大影响。一般来说，最好固定好每天洗澡的时间，如果实在不行，至少要确定好"是饭前还是饭后"。

家长与孩子一起泡澡，可以增添许多欢乐，增加不少沟通，是亲子之间最有意义的时间之一。

孩子的澡盆要以孩子的大小为准提前准备，洗澡过程尽量让孩子自己完成。洗的过程中，父母可以发挥示范作用。此外，孩子用的毛巾、睡衣、洗涤用品等要放在固定位置。

❺ 就寝

尽量固定好睡觉的时间。睡前要做的事也尽可能每天保持一致。

"睡前的日常"可以培养孩子的秩序感，使孩子安心睡觉。

特别是夫妻双方都是上班族，或者是孩子要上幼儿园的家庭，一般情况下早上都非常忙碌，只有晚上才能梳理一天的慌乱。和大人一样，上幼儿园的孩子也会遇到不少意想不到的事情。

如果睡前时间和孩子一起度过，告诉孩子"今天辛苦了，睡觉前妈妈陪你看绘本"，那么孩子睡前就会产生安心感。

因此，请守护好"睡前 15 分钟"。

成长清单

- ☐ 上幼儿园前的准备，可以进一步促进孩子"自食其力"。
- ☐ 细化一天的流程，可以增加孩子"自食其力"的能力。
- ☐ 守护好睡前 15 分钟，孩子可以获得内心的安宁。

如何进行
有效的批评

蒙台梭利教育主张让家长提前了解育儿知识，以此来有效地减少批评或呵斥孩子的次数。特别是要知道"秩序敏感期"和"运动敏感期"的存在，了解大人与小孩之间的根本差别，才能真正把握孩子成长的要诀。

比如此前提到孩子大哭的时候，只要做好三步，亲子关系就会融洽许多，父母的育儿水平也会更上一层楼。

也有必须批评的时候

蒙台梭利教育没有"批评"这一概念，因此接下来我主要从自己的育儿经验来讲述一下。

"不做批评的教育"如今非常盛行，但"批评"到底是什么呢？

为了让孩子今后的人生顺利，就想着"必须让孩子知道这些"，或者"这一行为，必须告诉孩子这么做才正确"，诸如此类一本正经认认真真地传递价值观，其实就是"批评"。

不仅仅是大人和孩子之间，就是一对一的其他人际关系，如果缺乏了真挚之心，也会造成极为失礼的行为，真心关怀也就无从谈起。

批评要真挚且严厉

批评的时候，要真挚且严厉。孩子通过感受这种严厉、不悦的语气以及音量的提高，进而知道"这些事坚决不能做"。这就是通常所说的"社会参照"。

对于在语言理解方面尚存在困难的0—3岁的孩子来说，讲道理式的说教效果并不好。与之相比，让孩子加深感受才更为重要。

当然，批评的时候，大人不能不加思考地说"不行"，因为孩子只能理解孩子的语言。

比如，可以告诉孩子："你刚才是不是想摸这个东西？但是，这个很危险，是不能碰的呀。"用这样的口吻和孩子交流，才能获得更好的效果。

3岁前的孩子基本都是以自我为中心，因此很难理解"第三方的心情"。比如，2岁的孩子要拿其他小朋友的玩具时，即使家长告诉孩子"你这样做让小朋友很难受"，孩子自己也不会在意。

对此，家长常常会觉得"为什么我们家孩子不能理解大人的话"，从而感到十分生气。

一般来说，孩子 4 岁左右才会开始理解别人的立场和观点。对此，家长要提前知道。

如果强制性地告诉孩子"那时候你应该说对不起"，然后让孩子当场说一遍，这对孩子来说只能是耳旁风。因为在那个年龄，孩子是理解不了的。

在上幼儿园的时候，通过和小朋友之间的谅解和被谅解，他们会逐渐懂得理解周围人的用心。

批评的时机

批评孩子的时候，特定的时机很重要。特别是 3 岁之前的孩子，还不能进行意识记忆，如果不是某种特定场合，批评就没有效果。

如果回到家之后才跟孩子说"刚才可是红灯呀，不能过马路"，孩子可能会一脸茫然。因此在批评孩子的时候，把握时机很重要。

"短批评"

批评孩子的时候，如果总是喋喋不休，狠话连篇，也基本没有什么效果。

孩子的成长是天生的，如果大人试图揠苗助长，只会带来压力而适得其反。如果大人连续好几天想当然地强行灌输一些东西，只能说是"欺负"孩子，而不是真正的教育。

对大人来说，"短批评"非常重要。批评完，孩子还会回到父母身边。只有这样，才能建立起良好的值得信赖的亲子关系。反过来说，如果一点也不批评孩子并一味地娇纵，则会将孩子引入歧途。

批评的时候不需要有罪恶感

有种说法叫"批评完一定要给个拥抱"，但是我觉得即便不如此，也会让孩子感受到爱意。

也许我的做法有点严厉，但我觉得拥抱最主要是减少父母批评孩子后的罪恶感。

如果父母脑海里有烙印，觉得教育孩子不能批评，教育方法不主张批评，那么他们就会自然而然地认为"批评孩子的父母不是好父母"。

要知道，父母也是常人。体罚姑且不论，坦率地表达自己的感情并没有什么错。

为了孩子的成长，严厉的批评只能由父母来承担。

即使刚开始孩子不理解，但是长大之后，或者孩子有了自己的孩子之后，就会感受到父母的良苦用心。这也是教育的需要。

对孩子认真严厉的批评，也是对孩子人生观、价值观的有益传递。

统一夫妻间的价值观

如果爸爸和妈妈总是传递不同的说法，就会导致孩子思维混乱。客观来说，夫妻之间因为成长环境不同，在育儿方面有不同意见理所当然。正是这样的差异，才会对今后孩子的幸福大有帮助。

但是，如果夫妻双方意见互不相容，那就麻烦了。因此，一定要根据实际情况提前商量，交换看法。只有这样，才能在培养孩子方面有所提升。所以说，夫妻双方认真沟通，在培养孩子方面绝对是至关重要的一个前提条件。

成长清单

- ☐ 要想让自己的孩子适应今后的生活，父母应该给予孩子正确的"批评"，借此认真地将重要的价值观传递给孩子。
- ☐ 批评的时候，要把握好"严厉、时机、简短"等要素。
- ☐ 育儿方面，夫妻之间要统一价值观。

结语
让孩子 20 年后能力卓越

我们那个时代说一个孩子"头脑聪明"，主要是指这个孩子能记住在学校课堂上学到的东西，然后在考场上写出正确的答案。答案都是写在答题卡上的，因此答题的正确率、偏差值等，都可以通过分数来具体呈现。

像这样通过 IQ（智商）、正确率、偏差值等数字来认知的能力，就叫作"认知能力"。

但是，现在的小孩在 10 年、20 年后长大成人，他们仅仅凭借"认知能力"已无法适应时代的要求。这是因为，"给出正确答案"的能力，已经被 AI 所取代。

既然这种能力被 AI 代替，那么人类依靠哪种能力才能立足于世呢？

简而言之，我想就是要拥有只有人类才可以做到且无法通过分数衡量的"非认知能力"。那么，非认知能力具体是怎样的一种东西？

比如，决断力、意志力、自制力、自尊心、深度关注、挑战精神、迅速调整能力、合理安排能力、预见能力、交流能力、配合能力、贴心照顾、共情能力、关怀心、道德心……无法用数字进行衡量的、只有人类具有的能力。

那么，这种非认知能力应该什么时候、通过什么方式来获取呢？

我想，0—3岁的时候为孩子打好基础，他们今后才能走得更好。

● 让孩子选择自己感兴趣的活动，锻炼孩子的决断力。

● 让孩子集中精力坚持做完一件事，培养孩子的意志力。

● 通过让孩子重视秩序，讲究规则，提升孩子的安排能力和预见能力。

● 自始至终做完一件事，可以锤炼孩子的自尊心和挑战精神。

● 通过丰富孩子的语言积累，助力孩子的交流能力。

● 孩子自己的行为受到尊重后，他们就会对自己以外的人产生关怀心，加深与他们的配合能力。

孩子出生之后，原则上都有获得这些能力的机会。

对此，本书的宗旨，就是想告诉大人们应该为孩子提供发挥才能的环境。

此外，相关小节结尾部分有"成长清单"，可以让家长们了解自家孩子的成长阶段，了解孩子的行为，为孩子提供相应的条件。从力所能及的方面出发将此付诸实践，那么孩子"自食其力"的能力，即"非认知能力"就会得到大幅提升。

最后，我衷心希望家长们在孩子0—3岁这一充满生命气息的黄金时期，与自己的孩子一起获得充实而美好的体验。

藤崎达宏

图书在版编目(CIP)数据

不可思议的潜能：0-3岁蒙台梭利养育法 / (日) 藤
崎达宏著；范宏涛译. – 北京：中国致公出版社，2022（2022.4重印）
　　ISBN 978-7-5145-1862-7

　　Ⅰ. ①不… Ⅱ. ①藤… ②范… Ⅲ. ①学前教育－教
学法 Ⅳ. ①G612

中国版本图书馆CIP数据核字(2021)第254665号

0~3 SAIMADENO JISSENBAN MONTESSORI KYOIKU DE SAINO WO GUNGUN NOBASU!
by Tatsuhiro Fujisaki
Illustrated by Minami Kawai
Copyright © Tatsuhiro Fujisaki, 2018
All rights reserved.
Original Japanese edition published by Mikasa-Shobo Publishers Co., Ltd.
Simplified Chinese translation copyright © 2022 by Beijing Zito Books Co., Ltd.
This Simplified Chinese edition published by arrangement with Mikasa-Shobo Publishers Co., Ltd., Tokyo,
through HonnoKizuna, Inc., Tokyo, and Shinwon Agency Co. Beijing Representative Office, Beijing

著作权合同登记图字：01-2021-7233

不可思议的潜能：0-3 岁蒙台梭利养育法 / [日]藤崎达宏　著　范宏涛　译
BUKESIYI DE QIANNENG : 0-3 SUI MENGTAISUOLI YANGYUFA

出　　版	中国致公出版社	
	（北京市朝阳区八里庄西里 100 号住邦 2000 大厦 1 号楼西区 21 层）	
发　　行	中国致公出版社（010-66121708）	
责任编辑	胡梦怡	
监　　制	黄　利　万　夏	
特约编辑	曹莉丽　鞠媛媛　张春馨	
营销支持	曹莉丽	
版权支持	王秀荣	
责任校对	吕冬钰	
装帧设计	紫图装帧	
责任印制	邢雪莲	
印　　刷	艺堂印刷（天津）有限公司	
版　　次	2022 年 1 月第 1 版	
印　　次	2022 年 4 月第 2 次印刷	
开　　本	880 毫米 ×1230 毫米　1/32	
印　　张	6.25	
字　　数	107 千字	
书　　号	ISBN 978-7-5145-1862-7	
定　　价	56.00 元